Telemundo Presenta:

CELEBRACIONES

EN CASA CON
LAS ESTRELLAS
DE TELEMUNDO

Telemundo Presenta:

CELEBRACIONES

EN CASA CON
LAS ESTRELLAS
DE TELEMUNDO

Editado por

María Alecia Izturriaga

ATRIA BOOKS

A Division of Simon & Schuster, Inc.
1230 Avenue of the Americas
New York, NY 10020

Primera edición en rústica de Atria Books, noviembre 2007

ATRIA BOOKS y colofón son sellos editoriales registrados
de Simon & Schuster, Inc.

Para obtener información respecto a descuentos especiales en ventas al por mayor,
diríjase a Simon & Schuster Special Sales al 1-800-456-6798 o a la siguiente
dirección electrónica: business@simonandschuster.com.

Diseñado por Jaime Putorti

Impreso en los Estados Unidos de América

10 9 8 7 6 5 4 3 2 1

Library of Congress Cataloging-in-Publication Data

Izturriaga, María Alecia.
    Telemundo presenta. Celebraciones : en casa con las estrellas de Telemundo /
edited by María Alecia Izturriaga.
        p. cm.
1. Christmas cookery. 2. Food habits. 3. Television actors and actresses.
I. Telemundo Group, Inc. II. Title. III. Title: Celebraciones, en casa con las
estrellas de Telemundo.
    TX739.2.C45149 2007
    641.5'686—dc22   2007031503

ISBN-13: 978-1-4165-5502-5
ISBN-10   1-4165-5502-1

*A Pocho, Gaby y Vicky quienes siempre
están ahí detrás de todos mi sueños.
Y a mi familia en Venezuela, que ha tenido
que aprender a tenerme lejos.*

ÍNDICE

Telemundo Presenta:

CELEBRACIONES

EN CASA CON LAS ESTRELLAS DE TELEMUNDO

PRÓLOGO

*S*in duda alguna, los artistas y las personalidades de la televisión poco a poco comienzan a formar parte de nuestras vidas. Todos los días, los invitamos a nuestros hogares para que nos entretengan, nos informen y, sin darnos cuenta, son parte de nuestra vida cotidiana. Sin embargo, son pocas las oportunidades que tenemos para conocerlos verdaderamente y nos preguntamos cómo serán cuando se apagan las luces, cuando están en sus hogares rodeados solamente de sus amigos o familiares más cercanos, cuando nadie los ve.

A partir de un tema de conversación como es la celebración de la Navidad, he tenido el gusto de escuchar una infinidad de anécdotas de estas personalidades sobre sus costumbres familiares, reflexiones, sueños, deseos y hasta lo que más les gusta comer. Esto es lo que comparto con ustedes en este libro: un viaje a sus hogares, a sus recuerdos de infancia, lleno de colores, olores y canciones que los han acompañado en esos momentos tan especiales. Un recorrido por sus vidas, desde aquellos días en los que eran ellos el centro de atención de la familia, hasta el día en el que sus hijos o sobrinos tomaron ese lugar preferencial. Es un festín de tradiciones que van pasando por generaciones y que se van adecuando a los tiempos modernos o a las circunstancias que les ha tocado vivir.

Estoy segura que mientras lean, recordarán momentos significativos de su propia vida, reflexionarán sobre las cosas que realmente tienen valor, más allá del dinero, la fama o el prestigio. Sé que sonreirán al saber que ustedes y los artistas comparten alguno de esos divertidos rituales para recibir el año nuevo y se deleitará con las anécdotas de estas personas las que prácticamente son parte de su familia.

Como no hay encuentro familiar sin una buena mesa de por medio, los artistas no sólo nos abren las puertas de su corazón, sino el apetito también. Por eso, además, encontrará algunas recetas de sus platos predilectos, que podrá preparar en su casa y sorprender a sus invitados.

Los convido a preparar su espíritu y a entrar en el mundo íntimo de sus artistas favoritos, viajar con ellos al rincón de la magia, de los anhelos, las nostalgias y las alegrías... al mundo de las cosas más valiosas y a la vez, las más sencillas.

Con cariño,
María Alecia

JORGE BERNAL

Jorge Bernal, talentoso y simpático presentador de noticias de entretenimiento para *Al Rojo Vivo con María Celeste* es uno de los rostros jóvenes de la televisión que ha sabido ganarse su lugar con mucho esfuerzo. Normalmente vemos a "Jorgito" (como lo llama María Celeste) sonriente, reportando sobre el mundo del entretenimiento con su estilo divertido y muy particular; pero en realidad no necesita ir muy lejos para entretenerse, pues Jorge tiene sus propios cuentos, allí dentro de su familia, dignos del más delicioso programa de chismes...

Jorgito llegó muy pequeño a Estados Unidos procedente de Cuba. Tenía apenas 4 años, así que se podría decir que, obviamente, las tradiciones que sigue son las de aquí, las del país donde ha pasado toda su vida; pero la familia es la familia y ellos se trajeron sus costumbres en el equipaje. No hay escapatoria, por más que sienta que Estados Unidos es su hogar, la Navidad en su casa es tradicional cubana, incluyendo el lechón, los frijoles, el congrí, la yuca hervida y el platanito maduro. Por supuesto, el centro de atención es la cena y en su familia todo el mundo cocina. Todos llevan algo. La tía hace una montaña de congrí, el tío hace la yuca y desde hace poco tiempo, el lechón.

Había una persona, que lamentablemente falleció recientemente, que era la encargada de preparar el lechón. Dicen que, al igual que hace su tío hoy día, seguía los secretos de los guajiros (campesinos cubanos), preparando el cerdo con sus ramitas de guayaba y manteniendo la temperatura adecuada para que no se pasme. No todo el mundo sabe hacer un buen lechón; si la temperatura no se mantiene a un nivel justo, la carne no se tuesta y hay que botar el lechón. "Un editor aquí (en *Al Rojo Vivo*) trató de hacer un lechón y lo tuvo que botar porque le quedó horrible".

FIESTAS A LO BERNAL

Los adornos son muy importantes porque crean el ambiente festivo. Tanto su mamá como su tía adornan la casa entera con arbolito, luces y pesebre. Y, a pesar de que Jorge vive en casa aparte, ellas llegan, toman la suya por asalto y se la dejan "vestida" de Navidad.

Siguiendo las tradiciones de su país de origen, y las propias establecidas por la familia, absolutamente todos los miembros de la familia Bernal se reúnen en Nochebuena, y eso ya es suficiente para armar la fiesta. Tanto su mamá como su papá tienen familias numerosas. "Somos un familión bastante grande, así que *lo que se forma ahí es... te podrás imaginar*".

Cada año, en casa de su tía, la familia se reúne, come, ríe y conversa. Es una noche muy especial porque al ser tantos no todos tienen ocasión de verse a menudo. Transcurren meses en los que no ve a sus primos ni a sus tíos. Así que esa noche aprovechan para ponerse al día, incluso para asombrarse de ver como los más pequeños van creciendo de año en año. En su caso, siendo hijo de padres divorciados, le toca hacer doble celebración. Primero pasa por casa de su papá, come un poco, comparte un rato y se va a casa de su mamá donde vuelve a comer y vuelve a compartir.

Esa es la Nochebuena: 24 de diciembre, día para cenar, celebrar, divertirse y después de las doce de la noche, concluir la fiesta, llegar a casa y abrir los regalos. Nadie en su familia tiene la paciencia para esperar hasta el 25 de diciembre para abrirlos. Y el día de Navidad, mientras los norteamericanos se despiertan tempranito para abrir los regalos, Jorgito está felizmente durmiendo la mañana, soñando con lo bien que lo pasó en familia, celebrando la Navidad.

LA LECCIÓN DEL CARBÓN

Según cuenta la tradición, Santa Claus le trae regalos a los niños buenos y carbón a los que se portaron mal durante el año. En su caso, Jorgito recibía sus juguetes, pero también una caja de carbón, como recordatorio de que no se había portado del todo bien. "Creo que era como un juego psicológico. Aquí tienes tu juguete pero no creas que te portaste espectacularmente". Cada año, mezclado con el resto de los regalos, había una cajita que él abría con emoción para encontrarse irremediablemente con la indeseada lección del carbón. A veces eran cinco, otras veces tres, según la cantidad de travesuras. Sin embargo, admite que funcionaba pues recuerda que cada vez que abría la caja le venía a la mente las diabluras y las metidas de pata del año. "Ah sí, claro, ahora recuerdo que hice mal tal cosa, no hice la tarea, arañé la bicicleta" y trataba de portarse mejor para que no le llegara una cajita de carbón de nuevo al año siguiente.

REGALOS INOLVIDABLES

Además de las cajas de carbón, Jorge siempre recibía buenos regalos, pero hay uno que recuerda con especial cariño: una bicicleta amarilla que fue su primera bicicleta de grande, su primera bicicleta de dos ruedas. "Claro tenía las dos rueditas a los lados, pero ya no era un velocípedo. Me acuerdo que pesaba cuarenta mil libras, no como las de ahora que tú las levantas con una mano. Era un tanque, pero era linda".

A Jorge le gusta regalar. Normalmente le compra regalos a sus compañeros de trabajo, a su mamá, a su papá, a su abuela, a su hermanastro y a su padrastro. También obsequia a los más pequeños de la familia. "Lo que hacemos es que en las fiestas familiares solamente le llevamos regalos a los niños de 15 años para abajo". Ese día es para los niños porque a ellos les pertenece la magia y la emoción de la Navidad. Su tío se las arregla para crear el ambiente. "Miren eso, una estrella fugaz. ¡Es Santa Claus!", entonces los niños se emocionan y cuando entran ven todos los regalos y ahí se forma el alboroto y el reguero con los papeles y los lazos.

Sin embargo, en materia de regalos dados y recibidos, el premio mayor se lo lleva Mónica, una novia venezolana con quien pareciera mantener una competencia de obsequios y que lo tiene haciendo maromas para impresionarla. La competencia llegó a un extremo en que tuvieron que hacer una tregua, acordar que estaban parejos, pues de otra forma iban directo a la bancarrota. "Una vez, en un cumpleaños mío ella me mandó una avioneta con un letrero, después me agarró un día y me dijo: 'Esta tarde trata de llegar temprano'. Cuando llegué tenía la maleta lista, me montó en un avión y me llevó a las Bahamas. Un día yo la recogí en limosina, la monté en un helicóptero y la llevé a dar una vuelta para ver la ciudad". Definitivamente se trata de regalos románticos y logísticamente complicados, pero son los que le gustan a Jorge porque implican más esfuerzo que dinero. Siente que no es lo mismo comprar un anillo de diamantes, aunque le cueste muchísimo más, porque en ese caso el esfuerzo es sólo ir a la joyería y escoger el que le guste. La gracia está en la planificación, la elaboración, para que la sorpresa sea perfecta.

UN SITIO ESPECIAL
EN EL CORAZÓN

La familia de Jorgito es católica, y reza antes de cenar en Nochebuena, dándole gracias a Dios por mantenerlos a todos unidos. La misma ceremonia de la cena es costumbre familiar. La mesa siempre es muy larga, dependiendo de los invitados y se arregla muy bien. Su tía es muy detallista y designa un lugar para cada uno y les va indicando donde deben sentarse: "Aquí va Pepito —ese soy yo. Aquí va Tata, esa es mi mamá. Aquí va Mónica, mi novia, y aquí va abuelo Ramón... Mi abuelo falleció este año, pero en la mesa de Nochebuena estaba su puesto. Siempre se respeta el puesto de los que ya no están en la familia. Hasta hablamos con ellos cuando decimos la oración. Es la manera de decirles que lo seguimos queriendo y que lo recordamos mucho, especialmente en la Navidad".

Jorge Bernal

Presentador de noticias de entretenimiento de Al rojo vivo con María Celeste, trae las historias más candentes del mundo del entretenimiento latino. Antes de unirse Al Rojo Vivo con María Celeste fue conductor de Ritmo y sabor, un programa de variedades musical de la cadena Telemundo. Jorge ha conducido varios especiales de Telemundo, incluyendo Al ritmo de Pleasure Island, Latin Rhythm Nights, Calle Ocho y Ritmo Latino Music Awards. También fungió como reportero en el programa de chismes Cotorreando.

Nacido en Cuba, Jorge, conocido por muchos como "Jorgito", siempre tuvo pasión por la televisión. A la edad de 20 años comenzó a trabajar como interno para un programa nocturno local, en vivo, A Oscuras Pero Encendidos. Su determinación de triunfar lo impulsó a una posición de productor asociado. *Su capacidad para manejar varias responsabilidades simultáneamente le ganó una posición de coordinador de talentos y posteriormente pasó a ser productor. La gran oportunidad de Jorge llegó cuando ocupó un puesto vacante como coanfitrión principal. Por su humor irreverente y rápido ingenio tuvo un éxito inmediato con la audiencia. Jorgito, como lo llaman ahora, se convirtió en un talento permanente para el programa* A Oscuras Pero Encendidos, *el cual recibió un Emmy en 1997, convirtiéndose en un éxito en WJAN-41 en Miami y en la estación de cable, Galavisión.*

En junio del año 2000, el programa expandió sus logros con una transmisión televisiva nacional para la cadena Telemundo. Jorge permaneció en el programa como productor y coanfitrión principal. Durante su trabajo con A Oscuras Pero Encendidos *Jorge alcanzó más de 1.200 horas de producción de televisión en vivo.*

MARÍA ANTONIETA
COLLINS

aría Antonieta Collins, conductora de *Cada Día con María Antonieta* es una mujer especial. En ella confluyen las mejores tradiciones de sus antepasados con el arrojo y la independencia de la mujer actual. Se ha forjado un nombre a fuerza de trabajo, profesionalismo y calidad. Ha sido galardonada en innumerables ocasiones, incluso reconocida como una de las personas más influyentes entre la población hispana en Estados Unidos. María Antonieta es una luchadora innata que adora su país, se siente orgullosa de la raza latina, se conmueve fácilmente y no teme mostrar sus debilidades, ni los momentos dolorosos de su vida, si con ello puede ayudar a los demás. Su vida ha servido de ejemplo a muchas mujeres que ahora saben que la clave del éxito no está en la perfección sino en la voluntad, en el corazón y en el poder de una sonrisa.

LA NAVIDAD EN QUE SANTA LA VINO A BUSCAR

Una de las facetas de María Antonieta donde aflora la tradición es la celebración de la Navidad. Desde que era una niña muy pequeña, recuerda siempre el mismo menú: bacalao, un macarrón delicioso con salsa especial de tomate y perejil, el pavo, los calamares rellenos de carne molida y la ensalada de manzana, piña y pasas. Esta es una tradición que pasa de generación en generación.

Todas las mujeres de su familia han aprendido desde pequeñas a pelar el bacalao, quitarle las espinas, pelar papas y todo el proceso que implica la elaboración del plato. La Navidad típica comienza el día anterior cuando sale a comprar los ingredientes. Al principio lo hacía ella sola y ahora cuenta con la colaboración de sus hijas, que ya se han iniciado en la tradición familiar. Como buenas mexicanas saben que hay que honrar a las mujeres de la familia y nada mejor para homenajear a la abuelita Raquel que preparar la receta de lo que ella considera el mejor bacalao del planeta.

Apenas comienza la temporada, lo primero que María Antonieta hace es adornar su casa, que viene siendo como su templo, el lugar donde recibe a todos los amigos que quieran compartir las fiestas con ella. Adorna el árbol, aunque no uno fresco, porque no quiere contribuir a la tala de árboles. No quiere ser la responsable de un árbol menos en el planeta, ni de los incendios posibles. Otra cosa importantísima para ella es pensar que cada Navidad es un momento para renovarlo todo. Cada año renueva el color y los ornamentos, de acuerdo a como vaya la tendencia. Siempre compra un adorno caro por año, para agregarlo a la colección. Pero lo más importante es que también es el momento de renovar el espíritu, reflexionar y pensar en que así como los Reyes Magos fueron guiados por una estrella, uno puede buscar todos los días la estrella que nos guíe hasta el verdadero significado de lo que es el amor y la paz en la Tierra para los hombres de buena voluntad.

En Año Nuevo, María Antonieta sigue tres rituales sencillos como parte de esa tradición de renovación del espíritu. El primero es encender doce velas antes de las 12 de la noche. Después apaga 11, dejando prendida sólo una que representa el mes de enero, hasta que se consume. El segundo es una práctica de la metafísica, en la que cree mucho. Ella aprovecha esos momentos tan importantes como son cerrar un ciclo y comenzar otro para materializar sus deseos. "Antes de las 12 de la noche yo me aíslo de los demás, escribo lo que quiero para ese año y guardo mis deseos". El tercero es muy sencillo: las 12 uvas, una por cada campanada. En este caso, como buena anfitriona, prepara desde la mañana unos vasitos con las uvas para todos los asistentes. Hay otra costumbre que también sigue pero que ha estado a punto de abandonar y es el de salir corriendo con la maleta para asegurarse los viajes.

Las Navidades en casa de María Antonieta son invariables. Puede que cambien las circunstancias y el ánimo pero todos saben que ella es la anfitriona por excelencia. Tanto sus hijas como sus amigos saben que la Navidad de María Antonieta es disfrutar del rompope y del bacalao. Ella cocina con placer y recibe con mucho gusto el cumplido de que sus cenas son cada año más bonitas y que con ella van a pasar la mejor Navidad.

La mujer moderna que habita en María Antonieta se pone de manifiesto en el tema de los regalos. A ella le encanta regalar. Su lista es muy grande pues además de su familia, sus amigos cercanos y su equipo de trabajo, hay otras personas que ella considera merecen un gesto de agradecimiento. Gente que de una u otra forma la atienden en su vida cotidiana, como los guardias de seguridad de los sitios donde trabaja y la cajera que la atiende en el banco. Sin embargo, no es mucho el tiempo que tiene para pensar y comprar para cada uno de ellos por separado. Así que desde hace unos años encontró la mejor solución. Con su chispa inconfundible confiesa: "Me he vuelto más moderna, ahora regalo *gift certificates...*"[1]

LA NAVIDAD EN QUE CONOCIÓ A SANTA

La familia de María Antonieta siempre ha tratado de mantener el espíritu de celebración de la Navidad por encima de los recursos disponibles. Por eso, cuando todavía era una niña, en medio de una situación económica muy difícil, aquella muchachita vivió lo que aún considera la mejor Navidad de su vida. Tenía 12 años de edad y la situación era tan mala que no alcanzó para los juguetes de los niños. Sin embargo, el espíritu y la imaginación de esa joven obraron maravillas. Lo primero que se le ocurrió fue un regalo que no costara nada de dinero. Así que reclutó a sus cuatro hermanos para montar un gran festival. Entre

---

[1] *Un certificado con un valor determinado que se cambia en una tienda por lo que la persona desee*

ellos coreografiaron algunos bailes y María Antonieta preparó el vestuario a base de papel. "Les dimos a mis papás un espectáculo donde yo era la presentadora, la artista, el enterrador y el muerto". De esa manera, la familia, a pesar de no tener con qué comprar regalos, disfrutó del mejor presente que podían desear: la compañía y la alegría de cada uno. Después de aquel momento tan hermoso junto a sus padres, María Antonieta está segura que la imaginación la premió esa noche. Cuando se fue a dormir ocurrió un milagro que hasta hoy le causa emoción. Esa noche se fue a la cama y soñó que había ido a Disneylandia, lo que más quería conocer en la vida, su sueño de niña pobre. Al día siguiente se despertó radiante y dichosa y a todos les contaba sin parar: "Anoche Santa me llevó a Disneylandia". Los demás le seguían la corriente y le contestaban con cierto tono burlón: "Ay sí, sí, seguro te llevó a Disneylandia". No le importaba la incredulidad de los demás, ella desbordaba felicidad y se regodeaba con los detalles del recorrido que hizo de la mano de Santa. Con el tiempo María Antonieta tuvo al fin la oportunidad de visitar Disneylandia y cuando llegó a las tazas voladoras los recuerdos volvieron a ella de golpe, comenzó a evocar cada una de las sensaciones que experimentó aquella noche encantada, aquella vez cuando nadie le creyó lo que le había pasado mientras todos dormían. "Entonces fue cuando supe que esa había sido mi mejor Navidad, cuando la magia de Santa Claus llevó a una niña pobre de 12 años a visitar un lugar. No quiero investigar si existió o no existió, para mí ese momento fue real y esa fue mi mejor Navidad".

María Antonieta Collins

Excelente periodista, autora de libros best seller y dueña de un carisma que la conecta de inmediato con el público. Maria Antonieta Collins se ha convertido en uno de los rostros más reconocidos de la televisión y una de las personas más influyentes entre la población hispana de los Estados Unidos.

A lo largo de más de tres décadas de experiencia profesional María Antonieta ha sido galardonada con numerosas distinciones, entre ellas los prestigiosos premios Emmy y Edward R. Murrow Award, además del premio ACE como mejor locutora de televisión, entre otros.

Además de su labor periodística en la televisión María Antonieta se ha distinguido como autora de exitosos libros de gran venta nacional como Dietas y Recetas de María Antonieta,

¿Quién dijo que no se puede?, Cuando el monstruo despierta y En el nombre de comprar, firmar y no llorar.

Actualmente conduce el programa matutino de Telemundo: Cada Día con María Antonieta, *en el que junto a un equipo de primera línea, ofrece a los televidentes la mejor y más divertida información para comenzar el día.*

Maria Antonieta Collins es fiel patrocinadora de grupos que luchan para proteger a los animales.

CALAMARES RELLENOS DE DOÑA RAQUEL, ABUELA DE MARÍA ANTONIETA COLLINS

INGREDIENTES:

PARA LOS CALAMARES:

6 $\frac{1}{2}$ libras de calamares

Jugo de 3 limones

PARA EL RELLENO:

$\frac{1}{4}$ taza de aceite de oliva, más 2 cucharadas

2 cebollas blancas, picadas

2 huevos duros sancochados, picados

1 ramillete de perejil fresco, picado (1 taza aproximadamente)

$\frac{1}{2}$ taza de aceitunas, picadas

$\frac{1}{2}$ cucharadita de sal

PARA LA SALSA DE ALMENDRAS:

2 $\frac{1}{2}$ libras de almendras blancas

4 tazas de leche

$\frac{3}{4}$ copa de vino blanco

PROCEDIMIENTO:

PARA LOS CALAMARES:

Rebanar la cabeza y remover los sacos de tinta, cartílagos y piel transparente. Enjuague bajo agua fría corriente. Coloque los calamares en un tazón mediano de vidrio y mézclelos con el jugo de limón. Retire los tentáculos con ayuda de una tijera y reserve.

PARA EL RELLENO:

Caliente $\frac{1}{4}$ de taza de aceite de oliva en un sartén grande, sobre fuego mediano. Saltee las cebollas y los tentáculos hasta que las cebollas se pongan transparentes. Revuelva los huevos, el perejil, las aceitunas y la sal y continúe friendo de 2 a 3 minutos. Deje enfriar y reserve.

Escurra los calamares y rellénelos con el relleno que apartó. Asegúrese de rellenarlos sólo hasta la mitad. Los calamares se encogerán con la cocción y se podrían reventar si se rellenan demasiado.

PARA LA SALSA DE ALMENDRAS:

Ponga las almendras en el tazón del procesador de alimentos y píquelas finamente. Añada la leche y continúe licuando en la velocidad más alta de 3 a 4 minutos, hasta que la consistencia de la mezcla sea cremosa.

PARA PREPARAR LOS CALAMARES:

En una olla de fondo grueso, caliente 2 cucharadas de aceite de oliva. Agregue los calamares rellenos y sofríalos hasta que se doren, alrededor de 2 a 3 minutos por cada lado. Añada el vino y la salsa de almendras. Cubra y cocine entre 20 y 30 minutos a fuego bajo o hasta que los calamares estén blandos.

LETI COO

*S*i dices Leti dices audacia y aventura. Esa es Leti Coo, conductora de *Ritmo Deportivo*. Nada la detiene. Por eso la llaman "Leti, la intrépida". Se ha abierto camino en un terreno que hasta hace muy poco era exclusivo de los hombres: la presentación de programas deportivos. Eso sí, no importa qué tan arriesgada sea la misión en la que se involucre, Leti nunca pierde el glamour. Siempre está linda y bien arreglada como le corresponde a una bella mujer.

UN SUEÑO DE NAVIDAD QUE NUNCA SE CUMPLIÓ

En los últimos años le ha tocado viajar por todo el mundo, por trabajo y en parte por placer. Sin embargo, para ella las Navidades más hermosas fueron las que de niña pasó en Veracruz, donde las tradiciones son el eje de las fiestas y los chicos se divierten a sus anchas. Como casi todos los mexicanos, proviene de una familia numerosa, al menos en lo que se refiere al número de tíos y primos. En las Navidades, Veracruz se convertía en el punto de reunión de todos los que vivían disperos. El simple hecho de encontrarse con todos los primos que nunca veía era todo un acontecimiento. Entonces empezaba la tarea de ponerse al día con lo que le había sucedido durante el año que llevaban sin verse: "¿Reprobaste el año? Eres muy burra... ¿No cuentes? Mi tío se fue a vivir no sé con quien..." y de ahí en adelante comenzaba la diversión. Solamente de recordarlo Leti comienza a sentir nostalgia. "Lo de la familia lo oye uno muy trillado. Siempre hablamos del valor de la familia. Cuando la tienes cerca no lo aprecias pero cuando ya no se tiene, como yo ahora que vivo acá, esa palabra adquiere otro valor".

Además de los pormenores de los chismes familiares, siempre disfrutó de las costumbres veracruzanas como el muñeco de paja lleno de fuegos artificiales que representa el año viejo y que lo incendiaban en el medio de la calle; o las posadas o el simple hecho de juntarse con los primos a lanzar cohetes. Recuerda, con la sonrisa pícara de la niña que siempre lleva dentro, aquel año en que su primo se metió un cohete en el bolsillo y allí mismo le explotó. Tuvieron que salir corriendo y terminaron todos en el hospital. A pesar del drama del momento uno se atrevería a adivinar que al primo le debe haber dolido más la burla de los demás chicos que la quemadura.

La cena de su familia era una tradicional "taquiza" que se armaba colectivamente. "Era una fiesta de traje: yo traje esto, yo traje lo otro. Toda la familia hace un guisado. Que si la tía Paquita hace bien las rajas con crema, la tía trae las rajas con crema. Si a mi mamá le quedaba bien el picadillo, mi mamá traía el picadillo". Al final terminaba siendo un verdadero festín de más de veinte ollas con guisos diferentes para prepararse los tacos y donde el pavo navideño quedaba de adorno porque las guarniciones (las carnitas, los romeritos) ganaban en la preferencia de los comensales. Estas "taquizas" se hacen en México para bodas, bautizos, cumpleaños y en el caso de la familia de Leti, la Navidad no era la excepción. Ella personalmente nunca contribuyó a las comilonas navideñas y bromea justificándose con que no quería ser la culpable de la muerte de un familiar por una indigestión, pero en realidad es porque en aquellos tiempos ella todavía formaba parte de la chamacada.

A pesar de que lleva ocho años viviendo en este país y ya debería estar acostumbradísima, la nostalgia por aquellas navidades es demasiado fuerte. "Es que son cosas que uno ya no va a volver a vivir porque son otras edades, otros tiempos y otro lugar". Además siente que hay un componente sentimental que no se compara a lo que se puede experimentar en México. Piensa que ni el clima ayuda a que uno se entere que llegó la Navidad a esta ciudad. A veces siente que en México no se tienen las mismas posibilidades de comprar cosas pero hay algo que llena más: la alegría de re–encontrarse con la familia, la expectativa de lo que van a vivir. "Acá no tienes a la familia, no tienes esa unión que hay en los países de uno. Entonces la nostalgia es terrible. Yo le huyo a esta Navidad porque no es a lo que estoy acostumbrada... esas fiestas con cuarenta familiares, piñata, pastorelas y posadas... salir cantando en el nombre del cielo...".

Ahora que su papá ya no está con ellas y su hermana la pasa con su novio, Leti y su mamá han decidido utilizar la época para lanzarse a la aventura. Cada vez que llega la temporada, en vez de gastar dinero en compras, toman un avión y se van a Europa a buscar nieve por ahí porque a la mamá le encantan los inviernos, preferiblemente con nieve. Pero en todos estos viajes hay algunas tradiciones que conservan, no importa donde estén: el 31 de diciembre salen corriendo con sus maletas porque les encanta viajar. "Así sea en un hotel, saco mi maleta y mi mamá, que es una 'secundona', también lo hace". Además, come lentejas para que no le falte el dinero. Ella no se considera supersticiosa pero va recopilando todo lo que oye por ahí, por si acaso. "De que vuelan, vuelan. Y en lo del dinero y los viajes, no estoy como para perder la oportunidad".

EL MEJOR REGALO DE NAVIDAD

A Leti no le gusta mucho salir de compras, lo evita a toda costa, por lo que no es muy regaladora. Le da pena que a ella sí le dan muchos regalos, pero su aversión a las tiendas le gana la partida. Sin embargo, siempre hay gente muy cercana que está en su corta lista de regalos, como su amiga Dayana, su productora, su hermana y su mamá, que según ella es muy particular y pide regalos poco comunes. También tiene un círculo de amigas con quienes juega al amigo secreto, con unas reglas bien específicas: nada de estufas o artefactos para el hogar, tienen que ser regalos para consentirse o embellecerse, como sesiones de *botox,* masajes o estuche de maquillajes. Y tienen que ser de cien dólares.

Sin embargo, el regalo que recuerda con más cariño lo recibió cuando tenía unos cinco ó siete años. Aparentemente a su papá le estaba yendo muy bien en esa época y decidió colmar a su par de princesas con regalos hermosos y caros. Ese día entraron a la sala y estaba repleta de cajas que abrieron una por una, con asombro y alegría. Los juguetes de moda, lo que le habían pedido a Santa, hasta lo que no se les había ocurrido, todo estaba allí para ellas. Al cabo de dos horas Leti y su hermana estaban felices, jugaban a jalarse la una a la otra dentro de las cajas vacías mientras los juguetes estaban ahí, muriéndose de la risa. Y es que de todos los regalos el mejor era precisamente la hermana. "Yo creo que valoré mucho tener una hermana, porque tanto juguete para jugar sola...".

TODO QUEDÓ EN UN SUEÑO POR CULPA DE UNA "GÜERITA"

Quien podría imaginar que Leti fue víctima de la discriminación. Tan linda ella y nunca le tocó el papel con el que tanto soñaba. Ella cuenta que por no ser rubia siempre tuvo que interpretar a la mala de la novela. Al menos eso era lo que la hacía sufrir cuando era una niña. Cada vez que se acercaba diciembre se sentía feliz porque en los colegios montaban las pastorelas y como desde chiquita se creía una artista, cada año era una nueva oportunidad para el papel de sus sueños: el de la Virgen María. Pero así mismo como llegaba, se iba la ilusión porque todos los años, indefectiblemente, le tocaba el papel de demonio. De nada servían sus explicaciones de que el diablo tenía que ser un hombre, pues nunca lograba convencer a las maestras que la veían perfecta en aquel papel, pintada de rojo y con bigote. "Los maestros no me daban oportunidad, ni de angelito, ni de sol, ni de estrella, ni de burro... Nada de eso, ¡de diablo!". A tan temprana edad y ya la habían encasillado en el papel de villana. "Yo en mi interior queriendo ser la virgen... pero la virgen siempre era una 'güerita' ahí que se llamaba Angie. ¡Todavía la odio!".

Según ella, el problema es que existe esa fijación de que la virgen era blanca, y dada la escasez de rubias en México, Angie tenía asegurado su contrato navideño en el salón de clases. Sin embargo, a pesar de la injusticia cometida contra ella, cada año terminaba robándose el show. "Yo tenía la idea de que la virgen era la más linda, pero la virgen no hacía nada, al final la que se llevaba el show era yo que era el diablo y estaba en todas partes". De todas maneras todavía se acuerda de Angie, pues al parecer, no sólo le robaba los papeles que ella quería, sino también le robaba los novios. Bastaba que Leti le pusiera el ojo a un chico para que Angie interfiriera con su cabellera rubia y acabara con sus esperanzas de levantárselo. Por eso, después de algunos años, todavía rememora su papel de demonio y con cara de villana, alza la ceja y dice: "Ay Angie... si te veo, te atropello". Aunque su carrera de actriz quedó marcada por la "güera", Leti terminó siendo una excelente presentadora estrella para suerte de sus muchos admiradores.

Leti Coo

Leti Coo, conocida como "Leti la intrépida", es la conductora de Ritmo Deportivo, *el programa de Telemundo que informa al televidente hispano sobre los lugares para realizar los deportes más populares del mundo y las jugadas deportivas más atrevidas y emocionantes. Leti también actúa como reportera deportiva en* Titulares Telemundo.

Comenzó su carrera en ciudad de México, donde estudió en el Instituto Nacional de Bellas Artes, logrando con su talento, belleza y simpatía incursionar rápidamente en el mundo del espectáculo como parte de varias puestas en escena, comerciales y producciones independientes.

En 1999 llega a Estados Unidos, donde se integra al programa A Oscuras Pero Encendidos. *Más adelante formó parte del programa* Jamz *de* mun2 *y* Telemundo Internacional *como V.J. (presentadora de videos).*

ALFONSO "PONCHO"
DE ANDA

*S*i hay algo que caracteriza a Poncho de Anda es su sonrisa y su amabilidad. Se le nota a leguas mientras presenta a los invitados en *Cada Día con María Antonieta* o cuando camina por los pasillos del canal saludando a todos. Siempre se le ve como si la vida le sonriera y lo contagiara de alegría.

La mezcla cultural es otra de sus particularidades. Nació y se crió en México, su madre es cubana, su esposa colombiana y vive en Estados Unidos. Esto hace que sus Navidades sean un cúmulo de costumbres y deliciosos platillos. Las fiestas de su infancia y juventud siempre tuvieron sabor a romeritos y tortas de camarones, a congrí, croquetas y por supuesto, al irreemplazable lechón. "Mi mamá es cubana, mi abuelo re-cubano y él siempre fue la persona que se ocupó más de que nosotros no perdiéramos la tradición y las raíces".

LA NAVIDAD SE CONVIRTIÓ EN NOSTALGIA

De ese empeño de su abuelo materno, le quedó la costumbre de agregar a la cena de Nochebuena el apetitoso lechón cubano, que nunca podía faltar porque si no, Poncho se enojaba. Y aunque su madre lo sabía, él siempre se aseguraba de que no hubiese un descuido, una omisión que lo dejara sin su plato favorito, por lo que irremediablemente hacía, una y otra vez, la misma pregunta: "¿Tenemos lechón este año?". Por su parte, toda la familia mexicana que viajaba de Estados Unidos a pasar las fiestas con ellos, ya estaban acostumbrados a esas mesas sui géneris, en las que el centro de atención no era el típico pavo sino el famoso platillo cubano. ¿Y el secreto de la receta? Pues un excelente restaurante que conocía la mamá de Poncho en México donde preparaban un "lechón bárbaro". Según él, su mamá hacía los moros con cristianos, el congrí, los maduros y las croquetas, pero el lechón: "Yo recuerdo que eso sí lo recogíamos ya hecho. No era tan entregada".

En casa de los De Anda no se escatimaba en regalos. Primero era el intercambio que se realizaba el 24 de diciembre mientras se festejaba la Nochebuena, luego el 25 llegaba Santa Claus y después el 6 de enero festejaban la llegada de los Reyes Magos con la rosca, y de nuevo les dejaban obsequios. Según la tradición, así como los reyes le llevaban regalos al Niño Dios, también les traían un presente a todos los niños del mundo como símbolo del nacimiento de Cristo.

Pero antes de eso, en México comienzan las posadas. Desde el 16 al 24 de diciembre se van de casa en casa cantando villancicos que narran la peregrinación de María y José desde Nazaret hasta Belén, pidiendo posada para que naciera el Niño Dios. Por supuesto, Poncho no podía quedar fuera de esta tradición: "Todos lo días te llegaba una invitación a una posada en casa de alguien". Así que igual que todo el mundo, Poncho salía a cantar con su velita en mano, haciendo gala de su voz: "¡En el nombre del cielo, os pido posada!". Algunos iban representando a la pareja que tocaba de puerta en puerta, mientras otros personificaban a los dueños de la casa que se negaban a recibirlos, hasta que finalmente en una le abrían las puertas a Dios. Luego rompían la piñata para sacar la colación, que son dulces y frutas de la temporada que simbolizan los regalos para el Niño Dios en el día de su nacimiento. Todo esto viene acompañado del ponche, los tamales y los platos más tradicionales de la comida mexicana. "Era divertido... es algo que se extraña".

Y es que Poncho siente nostalgia por su país, siente que en Estados Unidos la gente se vuelve un poco solitaria. A pesar de que tiene familia aquí, él cree que no hay el mismo calor que en México. Se lo atribuye a que tiene gran parte de su gente allá. Además cree que no es algo en lo que está solo, ni siquiera que le suceda sólo a los mexicanos, sino a todo inmigrante que llega a este país. Es evidente que extraña profundamente las tradiciones y la unión familiar que aquí se ve relegada a un segundo plano por el exceso de trabajo. "En Latinoamérica no hay tanto dinero, no hay tanto bienestar económico, pero uno está más cerca de la familia". En ese aspecto, Poncho se convierte en una persona reflexiva y medita sobre eso que parecen malos momentos pero que conllevan a la unión familiar; esos momentos en los que la necesidad acerca a las personas que más se quieren. En contraste, piensa que la sociedad norteamericana ofrece muchas cosas que se pueden lograr trabajando. "Quizás esa sed de triunfo, de éxito, es lo que te aleja a veces de la base de la sociedad y de tu familia".

Sin embargo, sabe que su vida está aquí donde formó su nuevo hogar con su esposa y a pesar de que le gustaría viajar cada diciembre para pasarla junto a toda su familia en México, no puede porque como parte de ese "sueño americano", están esperando que a su esposa le llegue la residencia. Si ella sale, le toca esperar la residencia afuera y él no puede permitirse viajar constantemente a Colombia o

México y mucho menos estar separados. Su trabajo está aquí, su nueva familia está aquí.

Poncho le busca a todo su lado positivo. Entre otras cosas, su mesa navideña ahora ha ampliado sus sabores con los aportes de su esposa, a quien le corresponde hacerse cargo de la natilla y los buñuelos colombianos. Por otra parte y en compensación, ahora viajan sus papás y sus hermanos todas las Navidades para pasarla con él. Por ahora, no tiene la posibilidad de ir a México a ver a sus tíos y primos pero vienen sus suegros con su cuñado y la pasan todos juntos. "Así que una cosa buena es que hemos logrado unir a ambas familias, a la familia de mi esposa y la mía, para celebrar las fiestas". Al contrario de la mayoría de las parejas que tienen que pasar un año con una familia y otro con la otra, o la Nochebuena con unos y el Año Nuevo con otros, un poco obligados por circunstancias del destino, ellos se dan el lujo de que las familias vengan a ellos.

UNA FIESTA INOLVIDABLE

Poncho jamás podrá olvidar una Navidad siendo un adolescente en la que lograron reunir a toda la familia materna con la paterna. Tanto los que vivían en Estados Unidos como los que estaban esparcidos por toda la República Mexicana viajaron a Ciudad de México para estar en su casa. Llegaron de Puebla, Tijuana, Veracruz, Nueva York y Miami para disfrutar de las atenciones de su madre, que como buena cubana es amante de las fiestas y de las reuniones familiares. Ella decía: "En mi casa, aquí es donde se arma todo". Poncho no recuerda exactamente cuantas personas fueron, pero calcula que eran más de cincuenta, ya que solamente por parte de la familia de su papá son veintisiete primos. Para ese entonces aún vivían sus dos abuelos paternos, estaban los tíos que no se habían divorciado, más los parientes de Miami. Eso fue lo que él llama una noche espectacular. Como siempre, hubo comida mexicana y cubana y lo mejor de la música de ambos países. Lo que más se bailó fue salsa, que según él, es lo más rico para bailar; sin embargo, a pesar del empeño de su abuelo por conservar sus raíces, Poncho traicionó su sangre materna porque, de acuerdo a su propio juicio, nació con dos pies izquierdos. Hasta ahí llegó la herencia, pues tanto su madre como su abuelo son bailarines sensacionales. "Yo no sé que pasó ahí". Por suerte, en esa fiesta no solamente se bailó. Así como la salsa es lo mejor para bailar, para Poncho los mariachis son lo mejor para cantar y brindar y eso sí se le da bien. Así que entre lechón y romeritos, salsa y mariachis, tequila y ron; quedó grabada en su mente para siempre aquella Navidad en que todos se reunieron para festejar el nacimiento del Niño Dios y la alegría de formar parte de una familia tan singular.

EL REGALO MÁS HERMOSO

Sobre el regalo más hermoso tiene su propia opinión. Además de comer, bailar y festejar, para Poncho la Navidad es época de dar. Aunque con el tiempo ha cambiado mucho y se ha dado cuenta de que lo material no es lo primordial, para él es importante dar sin esperar nada a cambio, así sea una llamada a un ser querido. Y eso puede llegar a ser más importante que cualquier otro regalo. A Poncho le gusta dar y ver sonreír a la gente, y nunca deja pasar la oportunidad por debajo de la mesa. Si por alguna razón sus papás no pueden viajar a Estados Unidos, va y compra regalos para todo el mundo y los manda a México. Ya sea aquí o allá, le gusta tener un detalle con todos aquellos que quiere, pero no como una obligación. Considera que regalar tiene que salir del corazón, del alma, y que la persona que reciba el regalo sienta que de verdad estás pensando en ella y que de verdad la quieres.

Sus compañeros de trabajo dan fe de que Poncho disfruta regalando y que es muy detallista a la hora de escoger. Aunque dice que él prefiere dar que recibir, es inevitable que sienta esa misma emoción cuando el presente es para él. Sin hacer mucho esfuerzo, Poncho recuerda un regalo que le dieron cuando tenía alrededor de cuatro años. Como si retrocediera en el tiempo, con los ojos llenos de aquella misma inocencia, recuerda cada detalle de ese carrito de carrera que le llegó en una Navidad, en una caja impresionante, enorme, que miraba extasiado porque era cinco veces más grande que él. "No era de esos carritos que se empujan, sino de los que se manejan. Ese carro de plástico, sencillo, de pedales." Ese es el que recuerda con más cariño, más que los videojuegos y cualquier otra cantidad de cosas sofisticadas que ha recibido desde entonces. Ese fue el que le quedó clavado en la mente hasta el día de hoy y que aún logra describir con el mismo asombro y la misma emoción del día que lo vio por primera vez.

Todavía viajando en el tiempo, inmerso en los recuerdos, Poncho se traslada a aquellos días en los que pensaba que los regalos eran lo más importante de la temporada. "Conforme vas creciendo te vas dando cuenta que lo más rico de la Navidad es tener la oportunidad de estar con la gente que quieres y hoy en día extraño no poder tener a mis abuelos conmigo, abrazarlos, ver a todos mis primos juntos." Piensa en los años que lleva sin verlos y sin poder evitarlo, la conversación se salpica de tristeza. Y es que ve muy difícil que esas reuniones se vuelvan a dar, son cosas del ciclo de la vida. Ya sus primos están casados, ya tienen hijos, tienen compromisos con las esposas y los esposos; ahora los tíos prefieren pasar las Navidades con sus hijos y sus nietos, pero él comprende que es lo más natural. Él mismo se casó y ahora son dos familias que se unieron. Sus Navidades las celebra con la familia de su esposa, con sus padres y sus hermanos. "Al final del día esa es la familia y algún día mis hermanos tendrán las suyas también".

Por dos segundos, que parecieron eternos, el silencio tomó la palabra. Entonces nos dimos cuenta que los ojos de ambos se estaban humedeciendo. La nostalgia se había apoderado de la conversación: "Ya... mejor no sigo. De verdad los extraño mucho".

Alfonso "Poncho" de Anda

Una de las caras más jóvenes y reconocidas de la televisión hispana estadounidense, Alfonso "Poncho" de Anda, es copresentador de Cada Día, *a cargo del segmento del mundo del entretenimiento y el espectáculo.*

Poncho, como muchos lo conocen, también ha conducido varios programas especiales de Telemundo, incluyendo la alfombra roja de los Premios Billboard de la música latina, el certamen Miss Universo y los más bellos de People en Español, *entre otros. Como co-presentador de* Nuevas Voces de América, *Poncho fue el encargado de llevarles cada semana a los televidentes todos los detalles que tuvieron lugar en este show.*

Poncho además estuvo a cargo del segmento de espectáculos del noticiero matutino Hoy En El Mundo *y el show de variedades* De Mañanita,

*ambos de Telemundo. También condujo un seg-
mento semanal de entretenimiento para la popular
revista noticiosa* Al Rojo Vivo *con María Celeste.*

*A través de su carrera ha entrevistado a impor-
tantes figuras del espectáculo como Shakira, Thalía,
Maná, Alejandro Sanz, Armando Manzanero, Lu-
pillo Rivera, Robert de Niro, Julio Iglesias y Angelina Jolie, entre otras. Su carrera en televisión y
radio se inició hace casi diez años en su natal
Ciudad de México. En el año 2001 se trasladó a
Estados Unidos para trabajar como conductor principal del programa* Fuzión *de la cadena* mun2.

*Además de su vasta experiencia en los medios,
Poncho, quien tiene una licenciatura en comunicaciones de la Universidad Intercontinental de México
y una maestría de la Universidad de Québec en
Montreal, es también un talentoso cantante y com-
positor.*

content... Esta ha vuelto más moderna, ahora según mi
criterio...

LA NAVIDAD EN QUE
CONOCIÓ A SANTA

La época de fines del año es siempre la mejor de todas...
con el espíritu de fraternidad de la Navidad nos recibió
...los amigos divertidas. Por eso, cuando recibía en
esta isla, en medio de una atención agradable muy
difícil, aquella noche fría del 10 que me completaba la
mejor Navidad de mi vida. Tenía 12 años de edad y ya se
acercaba en los años que en el mes para los regalos de
los niños. Sin embargo, el camino a Ohio después de ese
joven rostro maravillo. Lo primero que se le ocurrió fue
un regalo que no existe hasta de Ohio... de que volvería
...los chicos hermanos para rellenos de este festival. Estos

_____

* ...en alguna parte de...

JOSÉ DÍAZ-BALART

Josée Díaz-Balart es uno de los más reconocidos y respetados periodistas de la televisión hispana en Estados Unidos. Como profesional, es sinónimo de la seriedad y como persona es un compañero muy divertido que sorprende por su chispa y su sentido familiar. Sin embargo, lo que más resalta es su manera solidaria y profunda de ver la vida, algo que le debe sin duda alguna a las enseñanzas que aprendió en su casa.

Proviene de una de las familias más conocidas en la Florida, hijo del renombrado abogado y luchador político cubano Rafael Díaz-Balart y de Hilda, una mujer que simboliza la dulzura, la paciencia y el amor ilimitado por la familia. Es hermano de los representantes federales Lincoln y Mario, y de Rafael, que es inversionista, lo que habla de una fuerte herencia familiar al servicio público. "Cada uno puede definir qué significa el servicio público y de qué manera adopta esa filosofía y la pone en función de lo que se puede aportar a la comunidad".

TIEMPO DE REFLEXIÓN

José recuerda que en su casa, la Navidad siempre fue momento de simplificar y de explicar la verdadera razón de la temporada. Su familia nunca se caracterizó por hacer fiestas gigantes. Las Navidades en su casa eran momentos tranquilos. "Obviamente, de niño uno siempre estaba esperando el momento en que se despertaba y veía todos los juguetes, pero siempre con el énfasis en el verdadero significado de la Navidad".

Tampoco eran de ir a misa sino de meditar y reconocer que ésta no es una fiesta para comprar, vender y regalar sino una fiesta para recordar las cosas importantes de la vida y reconocer que la razón de la celebración es el nacimiento de Cristo. José recuerda que el Papa Benedicto XVI, en su homilía de Navidad el año pasado, dijo una cosa que a él lo tocó muy de cerca porque era precisamente la forma como a ellos les enseñaron a celebrar la Navidad. El Papa decía que en esa época en que uno compra y regala tantas cosas y recibe tantos obsequios, es importante hacer un alto en el camino para dar el regalo más valioso del mundo: el tiempo y el amor hacia otro ser humano. "Eso me llegó muy adentro porque era lo que nosotros celebrábamos siempre. No es tan importante recibir y regalar cosas, aunque siempre son bien recibidas y uno se alegra de regalar. Lo más importante que un ser humano puede obsequiarle a otro es su tiempo, su cariño, su dedicación y su amor. Creo que en ese sentido sí fuimos una familia diferente". Más que asistir a las iglesias, lo que buscaban era tiempo para fortalecer sus lazos, reflexionar y quizás para revisar un poco cuáles eran sus objetivos en medio de la vida tan rápida y tan intensa de hoy en día.

Los Díaz-Balart son cuatro hermanos extremadamente unidos que se comunican a diario entre sí, o al menos cada dos días, así sea simplemente para preguntarse cómo están. "Quizás tengamos veinte segundos para hablar pero es suficiente para reconectarnos. Eso lo hacemos con mi mamá y con mis hermanos y cuando vivía mi papá, también lo hacíamos con él. Es el momento de reconectarse".

Las mesas navideñas en su casa tampoco eran tan tradicionales sino más bien cenas en las que lo importante no era lo que comían sino lo que hablaban. No tenían la tradición de que había que tener lechón pero sí había siempre algo rico, bonito e interesante. "Si te enfocas en la necesidad de meditar en lo que significa la Navidad, entonces no es tan importante qué estás comiendo sino el hecho de que estás compartiendo con la gente que tú quieres". En sus cenas de Nochebuena no había excesos de comida ni bebida porque para ellos no se trataba de la gran preparación sino del acto de estar juntos y de impregnarse con lo importante y lo infinito de la Navidad. "En ese sentido creo que también somos un poco diferentes".

Eso sí, las sobremesas en su casa siempre han sido y siempre serán más largas que la cena misma. José recuerda esos días en que su papá vivía y esa tradición de sacarlo del ámbito materialista, sacarlo del ámbito de las fiestas como evento y enfocarlo en el sentido de la Navidad. "Papá nos decía: 'Piensen en lo importante que es tener el privilegio de estar juntos como familia, de vivir en libertad y de tener con quien compartir. No importa cómo'". Esos son los puntos que siempre se repitieron en su familia y los recuerda con mucho cariño porque sabe que son temas infinitos y eternos que seguirán siendo vigentes incluso mucho más allá de su propia existencia.

Para José la cantidad de comida o los brindis que se hacen son cosas pasajeras siempre que la ocasión permita reconectarse con la familia y expresarles su cariño. "Los regalos más importantes no son los que uno puede comprar sino los que uno puede dar desde el fondo del corazón. Esas son las enseñanzas que quedan".

EL MEJOR REGALO: EL EJEMPLO

A pesar de que en su casa no había grandes fiestas, él recuerda todas las Navidades con una mezcla de nostalgia y cariño. Eran momentos para conversar. "Mi madre y mi padre siempre nos dijeron que al niño no se le debe tratar como a un niño. Nunca se nos habló a nosotros como niños, se nos habló como seres pensantes y como buenos amigos". Además, siempre les inculcaron la idea de que no hay preguntas tontas, que no tuvieran miedo de preguntar. Claro que siempre les preguntaban qué regalos querían, luego venía Santa Claus y los Reyes, pero cuando no todos los pedidos se cumplían, en vez de pensar en lo que no llegó, celebraban lo que sí habían recibido. "Eran reuniones muy didácticas pero divertidas".

Considera que los padres, cuando llegan a este país como exiliados o inmigrantes, han pasado por muchas experiencias que drenan el espíritu. Por eso cree en la importancia de los momentos compartidos en familia. "Ese es el privilegio de vivir en un país con libertad. Lo importante es celebrar que podemos estar juntos, en libertad y comiendo lo suficiente".

Esas enseñanzas que recibió en su hogar lo ayudaron a sobrellevar la pérdida física de su padre, que para él fue un gran amigo, una brújula intelectual. Sólo lo consolaba pensar que su padre, como creyente, estaba junto a Dios y lo miraba desde el cielo. Entonces, de alguna forma, sentía que en Navidad su padre seguía estando presente y eso lo reconfortaba un poco.

Otras fechas señaladas, como el cumpleaños o el día de San José, también eran muy difíciles sin su papá. Tampoco le fue nada fácil cuando necesitaba un consejo a nivel personal y profesional. Sólo en Navidad encuentra abrigo en la misma esencia de su significado y siente a su padre más cerca que nunca.

Sin embargo, José reconoce que hay momentos en que simplemente lo extraña por los recuerdos irrepetibles que él dejó grabados en la memoria de todos sus hijos. Un día, por ejemplo, uno de sus hermanos estuvo en un pueblo en España donde decían que en un monte había aparecido la Virgen María. Su hermano iba conduciendo por una carreterita hacia la cima. Se terminó la carretera y entonces empezó a caminar por un sendero a gran altura, con unos árboles de pino gigantescos y con mucha neblina y frío. Al llegar a la pequeña capilla donde había aparecido la Virgen María, su hermano recibe una llamada en el celular, en medio de aquella soledad. Era su papá que lo llamaba porque estaba pensando en él. Su hermano le contó lo que estaba haciendo y le describió lo que acababa de vivir, se dijeron cuánto se querían y se despidieron. Años después el hermano le confesó a José: "Yo podré regresar a ese pueblo y podré volver a caminar por ese monte, con esos pinos grandes y quizás haya mucho frío y mucho viento... Podré estar de nuevo en esa capilla pero nunca más voy a recibir la llamada de papá en ese momento".

José cree firmemente en el poder del ejemplo que se le da a los hijos y por ello cita al filósofo Neil Posterman: "Nuestros hijos son un mensaje a un futuro que no veremos". Por ello piensa que el regalo más importante que ha recibido, no sólo en Navidad, sino en su vida entera, es el ejemplo de su padre y de su madre. Esa es la mejor herencia que le hayan podido legar. "Si los hijos son un mensaje al futuro que no vamos a ver, qué bonito es que ese mensaje no sea de materialismo, ni de cuánto dinero tengo, ni que fiesta tuve, ni quién me vio en la alfombra roja, ni si salí en la revista de farándula esta semana, sino que sea un mensaje de amor al prójimo, de servicio público y de no hacerle daño a nadie". Para él esa es la semilla que se debe sembrar cada año. "La Navidad no es compra, no es cuántos regalos he recibido ni cuánto pollo, pavo, lechón o jamón he comido. La Navidad es reconectarnos con las cosas importantes de la vida".

PASANDO A UNA NUEVA GENERACIÓN

La primera Navidad de su hija Katrina fue simplemente verla mirar las luces del árbol con asombro y admiración. La niña estaba muy pequeña. Sin embargo, el año pasado escogió ella misma las decoraciones. "Todas las colocó, hasta las que van arriba". Su padre la alzaba para que llegara hasta donde apuntaba con su dedito y ahí quedaba el adorno y nadie puso más, ni cambió nada de sitio, porque él quiere que desde pequeña la niña sepa, participe, sienta que ese árbol y su significado son tan de ella como de su padre y del resto de la familia.

Katrina Díaz-Balart tiene apenas dos años y medio pero ella no sólo aprende sino que es capaz de darle lecciones a su padre. José nos cuenta, con típico orgullo de padre, cómo hace unos días salieron a hacer unas compras y mientras escogían un regalo para su primito ella jugaba con unos peluches. Cuando estaban por salir, José, viendo a la niña entusiasmada con el juguete, le dijo que escogiera uno que él se lo iba a regalar, a lo que la niña le respondió con una seriedad asombrosa: "Papi, yo en mi casa estoy perfecta". A José sus padres le enseñaron que uno nunca cesa de aprender y ahora su hija se lo corrobora, demostrándole que es posible aprender hasta de una niña de dos años.

José Díaz-Balart se considera una persona afortunada que ha tenido todo lo que verdaderamente es esencial en la vida. "Siempre pido por los que estén viviendo sin libertad o pasando vicisitudes económicas. Pero esos ya son anhelos más generales que pido en cualquier momento sin esperar la Navidad".

José Díaz-Balart

El galardonado periodista José Díaz-Balart se une al equipo de Cada Día con María Antonieta para traerle a los televidentes las noticias y los acontecimientos del día. También es el director nacional de asuntos públicos de la cadena Telemundo. Díaz-Balart es además conductor y productor ejecutivo de Enfoque, *el programa de política y asuntos comunitarios de Telemundo.*

Con su estilo periodístico original, Díaz-Balart ha sido el único periodista que ha trabajado simultáneamente en dos cadenas nacionales de televisión en inglés y en español. Ha conducido varios programas noticiosos de la cadena Telemundo. Entre éstos figuran los programas mañaneros, Hoy en el Mundo *y* Esta Mañana. *Además, presentó* América en Vivo *y* Hoy en América, *ambos transmitidos por Telemundo Internacional. Su trabajo periodístico también se pudo ver a través del*

programa noticioso dominical Sin Fronteras, *en donde
fungió como corresponsal principal.*

*Además de trabajar en la televisión hispana, este
veterano periodista fue presentador de noticias para
la estación de NBC en Miami y para el programa
matutino de la cadena CBS,* This Morning. *También
fue presentador de* Against the Law, *la serie trans-
mitida por el canal de cable de CBS Eye On People.*

La revista Hispanic Business *nombró a Díaz-
Balart como uno de los 100 hispanos de mayor influencia en Estados Unidos y ha sido reconocido
repetidas veces como uno de los mejores periodistas
hispanos de la nación por Hispanic Media 100.*

*Díaz-Balart ha recibido varios premios de ex-
celencia periodística, entre los que se cuentan dos
premios Emmy, el premio George Foster Peabody y
el premio Alfred I DuPont-Columbia University, por
la cobertura del Huracán Andrew. Además, ha ob-
tenido cuatro premios de Excelencia Periodística
Hispana y el premio de Prensa Asociada (Associated
Press).*

ERICK ELÍAS

Erick Elías Rabinovitz, con dos apellidos, como le gusta a su abuelo materno, es un talentoso actor y cantante que desborda simpatía. En muy poco tiempo, este joven galán se ha ganado el corazón de miles de admiradoras, ya sean las que lo eligieron ganador de *Protagonistas de Novela 2* o las que primero conocieron su mirada pícara en *Gitanas, El Cuerpo Del Deseo,* o más recientemente, el sensual y atrevido Renzo el gitano en *Zorro: La espada y la rosa*. Pareciera que a Erick todo le agrada, que todo lo disfruta y que toma la vida como viene; convirtiendo hasta el más mínimo detalle en un gran acontecimiento. Será por eso que el destino quiso que naciera en un país con un catolicismo tan arraigado como México y, a su vez, en el seno de una familia judía. Con su linda sonrisa, él simplemente adopta lo mejor de ambos mundos con tolerancia y respeto.

HANUKKAH

De su infancia recuerda la cena de *Hanukkah*, una fiesta que celebra el pueblo judío coincidiendo con las fechas de la Navidad. *Hanukkah* dura 7 días y en cada uno de esos días se va encendiendo una de las velas del candelabro o *menorah*. "Cada día había un regalito para los niños y el último día 'cerraban' con el regalo más grande". Los Elías generalmente organizaban viajes para ir a esquiar con toda la familia y allí, rodeados de nieve pero calentitos alrededor de una chimenea, hacían los intercambios de regalos entre los primos.

Para Erick lo más importante de esa fecha es el encuentro con la familia, especialmente después de que se mudó a Ciudad de México y el resto se quedó en su Guadalajara natal. Reunirse con su hermano mayor, sus padres, sus primos y sus abuelos era, y sigue siendo, lo principal para él.

EL SABOR DE LA NAVIDAD

La familia... y la comida. Él se mantiene delgado, pero definitivamente está siempre dispuesto para la buena mesa. Justamente, es por la gastronomía por donde comienza la mezcla de las tradiciones culturales: una parte viene de la familia de su padre, que son judíos *sefardíes* (provenientes de España y Turquía), otra viene de la familia de su mamá, que son judíos *asquenazíes* (ruso-polacos) y como es de esperar, el tercer componente viene de su propio país, México. "Cuando cenamos, comemos pavo y nos aventamos todo el *tour* Navideño, pero nunca faltan los *latkes*, unas tortas de papa con azúcar buenísimas que prepara la abuela". En estas mesas eclécticas y rebosantes de sabor, lo que más sobresale son los postres. Erick es fanático de los dulces y de sólo pensar en ellos le brillan los ojos. Al pensar en la Navidad suspira con nostalgia y dice: "Es riquísima, es la hora de tragar de todo".

Tampoco puede dejar las fiestas fuera de la lista de sus cosas favoritas de la temporada. Aparte de los encuentros familiares, se hacen muchas reuniones entre sus amistades. Y es que todos los amigos lo invitan y se le hace muy difícil resistirse a las tradicionales posadas. Son una buena ocasión para compartir una costumbre pintoresca y divertida de su país. Y como si toda esa amalgama no fuera suficiente, confiesa que de niño siempre quiso poner un árbol de Navidad.

Confiesa que ya le ha tocado alguna novia católica con la que ha tenido que compartir todas las ceremonias de la Navidad. "Sí también, ya me he aventado todo tipo de ritos. Pero me gusta aprender y conocer". Su familia siempre ha sido muy abierta. Cuando les toca recibir a alguien que no conoce la cultura judía, ellos tratan de explicarles y hacerlos sentir cómodos, así como él se ha sentido en las celebraciones católicas.

Y si les parece que ya ha habido bastante mezcla, agréguenle ahora las costumbres norteamericanas... Erick no se pierde una cena de Acción de Gracias pues según él, todo lo que sea para festejar es bien recibido.

NADA COMO UNAS LINDAS PALABRAS

Es fácil imaginar a Erick recibiendo regalos de todo tipo, incluyendo algunos costosos. Sin embargo, siempre recuerda de modo especial uno de su tía Myriam, hermana de su mamá: un Pitufo gigante, más grande que él, hecho y pintado por su propia tía en poliestireno, para que lo pegara en su cuarto. En ese entonces Erick era un gran aficionado de esos pequeños personajes azules y aquella figura enorme metida en una caja de refrigerador quedó registrada en su memoria para siempre.

Pero hablando de regalos, Erick se confiesa pésimo para obsequiar. Eso sí, le encanta que le regalen. En realidad siempre tiene las mejores intenciones, pero es algo desorganizado y siempre acaba olvidando ir de compras y quedando en deuda con todos. Generalmente termina mandando un buen correo electrónico con unas lindas palabras. Según él, parte del problema es que es muy indeciso. Nunca sabe qué comprarse para él, mucho menos para otra persona, así que cuando no se le olvida, no sabe qué escoger y corre el riesgo de quedar peor que cuando llega sin regalos. Tampoco lo ayuda la presión del tiempo. Un chico tan ocupado no tiene demasiado espacio para pensar una y otra vez sobre las distintas opciones. No obstante, él insiste en que el hecho de no ser muy bueno haciendo regalos no quiere decir que no le encante recibirlos.

LO MEJOR DE LAS FIESTAS: LA FAMILIA

Ahora que Erick, por razones de trabajo, tiene que vivir temporadas en diferentes ciudades, trata de mantener la costumbre de reunirse con su familia en la Navidad. Se van de vacaciones a algún lugar o se encuentran en Miami, que se ha convertido en un punto intermedio. "Ellos vienen mucho para acá y ahora llegan con mi sobrina nueva que acaba de nacer. Toda la atención es para ella y es increíble... ¡Padrísimo!".

En realidad, lo más importante de esas fechas para Erick es tener el pretexto para reunirse con su familia; con más razón ahora que no vive con ellos. Cada *Hanukkah*, Navidad o Año Nuevo, es una ocasión especial que él disfruta al máximo porque se considera un hombre muy familiar. Se divierte mucho cuando están juntos. Eso es lo que quiere transmitirle a sus hijos, su forma de ver la vida, su religión. Para él, el judaísmo es una práctica que abarca mucho más que ir todos los viernes al templo y comer *kosher*. Por eso lamenta profundamente que esta última temporada no haya podido estar con los abuelos que, definitivamente, son el centro del clan.

UN BRINDIS MUY SENTIMENTAL

Hay un año que Erick recuerda de una manera muy particular: el primero de su carrera artística. Para Erick no fue sencillo entrar en el mundo del espectáculo. No por falta de talento, de suerte o de disciplina, sino porque su familia no entendía de dónde salía esa vena artística. Fue muy difícil lograr el apoyo que tanto necesitaba del clan. "Mi abuelo siempre estaba en contra de que lo hiciera, no le gustaba para nada. Yo además estudié diseño. Fueron muchas pláticas para que aceptaran lo que hago".

Erick comenzó en la música y aunque ese primer año no fue todo como él esperaba, a su familia le gustó su trabajo. Una vez que lo escucharon en un concierto y lo vieron en televisión, se tranquilizaron y reconocieron su vocación. Precisamente, fue en las fiestas, de ese año que se lo demostraron... Una de las costumbres más arraigadas de la familia es el brindis de fin de año. Antes de ir a cenar se reúne toda la familia y entre tequila y tequila se van diciendo lo que sienten el uno por el otro. Aquel año se aflojaron las tensiones y todos aceptaron con orgullo que Erick era todo un artista. Hoy en día, hasta graban las novelas donde él actúa y compran todas las revistas de farándula donde aparece. El abuelo se ha convertido en su fan número uno, está muy contento y hasta le pregunta, con cierto tono recriminatorio, por qué no usa su segundo apellido...

A pesar de que la religión judía conmemora el inicio del año nuevo en septiembre, tomando en cuenta que es el mes en el que, según la tradición judía, Dios creó al mundo, Erick celebra el Año Nuevo en la misma fecha que la mayor parte de la población del planeta: el 31 de diciembre. "Para mí, *Happy New Year* es *Happy New Year*... Eso de *Happy New Year* en septiembre, como que no me suena..."

Su alegría innata, su juventud y el corazón sin dobleces con el que enfrenta la vida hacen de Erick Elías mucho más que una promesa: lo convierten en un verdadero triunfador. Más allá de la religión, Erick se declara parte indisoluble de su clan, de sus tradiciones y de todo el amor que su familia le ha demostrado siempre y con especial énfasis, durante las fiestas de fin de año.

Erick Elías

A pesar de su corta edad el actor mexicano Erick Elías es uno de los artistas que se ha ganado un importante lugar en el medio artístico gracias a la indiscutible preferencia del público, quien lo convirtió en el ganador absoluto del reality show Protagonistas de Novela 2, programa producido por la cadena Telemundo-NBC en Estados Unidos.

Desde ese momento su carrera ha ido en ascenso y con su trabajo ha demostrado que la actuación es su mayor pasión. Prueba de ello es la oportunidad que recibió para interpretar a Jonás en la telenovela Gitanas.

Recientemente, Erick interpretó a Antonio en la telenovela El Cuerpo del Deseo, un muchacho de buenos sentimientos que se preocupa por el bienestar de su madre y de su hermano. Con esta producción ha conquistado varios países, como España,

Rumanía, Tailandia, Indonesia, Eslovenia, Croacia e Israel, sin dejar de mencionar otros países de Latinoamérica y Asia.

Gracias a su acertado trabajo en El Cuerpo del Deseo, Erick ha llamado la atención de los principales medios de comunicación, quienes ya destacan su talento como actor en diferentes e importantes portadas a nivel mundial.

Su carrera se inicia en México cuando sobresale como modelo en importantes campañas publicitarias. Posteriormente, participa en reconocidas obras de teatro con las cuales recorre todo el interior de la República Mexicana, hasta llegar a participar en la telenovela Amigos por siempre, historia vendida a más de noventa países a través de la importante cadena Televisa.

Erick ha incursionado en todas las facetas que un verdadero artista desea explorar. Prueba de ello son los tres años de experiencia que tuvo como integrante del grupo musical Tierra Cero, con el cual grabó dos discos y realizó importantes giras por México y Latinoamérica.

Este talentoso mexicano se ha preparado en importantes escuelas de la ciudad de Los Ángeles, sin dejar de mencionar sus estudios de diseño industrial, su segunda vocación.

Este carismático artista ha participado en importantes campañas públicas en Estados Unidos, entre las que destacan 25 Mitos & 25 Realidades así como también la campaña anglosajona Join The Fight, ambas en favor de la lucha contra el SIDA. Asimismo se destacó por segundo año consecutivo en la campaña El Poder del Saber de la cadena Telemundo-NBC, esta vez en favor de la educación de los jóvenes hispanos en Estados Unidos. Recientemente, Elías recibió el premio FAMA USA 2006 como revelación masculina en las telenovelas, y el premio Orquídea USA 2006 como mejor actor juvenil de telenovelas.

También participó en la superproducción de Tele-

mundo y Sony Pictures Zorro: La Espada y la Rosa, *donde interpreta a Renzo el gitano, un hombre orgulloso y altivo que posee una dignidad que defiende a toda costa.*

Carisma, sencillez y talento son sólo algunas de las palabras que describen a este imponente galán que seguirá dando mucho de que hablar.

CANDELA FERRO

Candela, por la pasión que pone en todo lo que hace, y Ferro, por el material de que está hecha su voluntad de ir siempre hacia adelante: esa es la clave del éxito de Candela Ferro, una de las personalidades más bellas y carismáticas de la televisión hispana en los Estados Unidos. Llegó de Argentina a Estados Unidos hace ocho años, en búsqueda de trabajo como presentadora de televisión o como modelo, oficio al que se dedicó en Argentina y que le permitió desfilar para importantes diseñadores internacionales y participar en campañas de cosméticos multinacionales. Antes de ir en busca del "sueño americano", vivió un tiempo en Europa, donde aprendió varios idiomas como el inglés, el francés y el italiano, los que hoy día domina a la perfección.

Desde que pisó tierra norteamericana, no ha cesado de conquistar corazones. En su papel de entrevistadora y presentadora de programas especiales ha tenido la posibilidad de viajar y compartir con grandes celebridades del mundo del espectáculo. Sin embargo, para ella el viaje más importante es el que hace cada año a Reconquista, Argentina, para reunirse con lo que más valora en la vida: su familia.

Ante su talento y profesionalismo nadie es capaz de imaginar que Candela sigue siendo una chica de familia, con vínculos muy fuertes con sus amigos de la infancia y muy apegada a sus orígenes. Habla de su familia con un orgullo difícil de disimular: de su mamá Analía, profesora de letras y francés; su papá Ricardo, odontólogo, su hermano Matías, que comparte la profesión con su padre; Micaela, la esposa y colega de Matías y Juan Bautista, el hijo de ambos. Por supuesto, también habla de Lucas, productor de cine y televisión quien trabaja con ella en los viajes como asistente y compañero.

REENCUENTRO Y TRADICIÓN

Durante toda su vida, Reconquista ha sido el punto de reunión de Candela para pasar la Navidad. Allí nació, allí vive toda su familia y allí tiene lugar cada año, y sin mayores variantes, la tradicional reunión alrededor de la mesa. Con sus grandes ojos llenos de nostalgia ella nos cuenta que la fiesta se hacía siempre en casa de sus abuelos. Por varios días ella y todos sus primos se encargaban de alborotarlo todo y de llenar la casona de risas infantiles. Allí se preparaba el plato típico de los Ferro: la pavita con salsa de hongos. No el pavo grande que se consume comúnmente en Estados Unidos. Todo lo contrario, una pava flaquita con una carne blanca, muy exquisita, que acompañaban con puré de manzana y remataban con un budín de dulce de leche, preparado por las expertas manos de la abuela. Todos los primos se peleaban en vano por el dulce, pues según la tradición familiar, el trozo más grande le tocaba al primo mayor.

Al morir los abuelos, la reunión se trasladó a La Candelona, la casa de campo que Candela compró en Reconquista con sus primeros ahorros. Hoy en día su familia disfruta de la casa más que ella, pero eso la hace igualmente feliz. Esta es la sede oficial del clan Ferro, a donde siguen llegando sus tías por parte de padre, la hermana de su mamá y sus queridos primos a celebrar la Navidad. Por supuesto, se mantiene la tradición de la misma comida y el mismo postre. Todos se sientan a la mesa y todos sienten la tibia presencia de los abuelos, que aunque ya se han ido, siguen acompañándolos año tras año.

Lo que lamenta Candela es no haber heredado las habilidades gastronómicas de la familia. Confiesa que le hubiese encantado poder preparar esa salsa de hongo tan exquisita, el puré de manzana con sabor a maravilla y la pava jugosita y siempre en su punto que hacían sus abuelos. Cada enero vuelve a Reconquista con el firme propósito de aprender de sus tías, pero termina resignándose a no ser una buena cocinera. "De todas maneras mi mamá hizo un cuadernito en donde está la receta de la salsa de la abuela, la pava como la cortaba mi abuelo y allí quedó todo por escrito. Así que en caso de emergencia, tengo a mano la ayuda del librito".

Debido a sus muchos compromisos laborales, Candela llega justo a tiempo a las reuniones navideñas. A veces arriba a Buenos Aires un día antes y apenas tiene tiempo para tomar otro avión hacia Reconquista, así que no puede disfrutar mucho de los preparativos de la semana previa, los que resultan tan divertidos como la misma Navidad. Su mamá es profesora de letras y siempre está ocupada hasta último momento; por eso su papá es el que se encarga de hacer las compras y sus tías de empezar, con una semana de antelación, a organizar los víveres y condimentos que se requerirán para cada platillo de la cena. Quizás por esa razón, el momento más preciado de la fiesta es la tarde del 24 de diciembre, cuando al calor del verano austral, y especialmente al entrañable calor de Reconquista, la familia se reúne a preparar la cena. Ella lleva grabada en su mente estampas de su familia. Por ejemplo, su sobrinito Juan

Bautista disfrutando de la *pileta* (piscina, alberca) y su mamá cortando las manzanas para hacer la salsa. "Es un ambiente familiar que me acompaña a donde quiera que voy, por eso siempre le digo a mi papá que mientras pueda, cada diciembre, quiero estar ahí, y disfrutar que ellos están sanos y jóvenes, y que mi sobrino es chiquito y aún espera, con esa deliciosa mezcla de susto y alegría, a Papá Noel". Ese momento de los preparativos le da un significado especial al reencuentro familiar, por eso es tan importante mantener la tradición de la Navidad y pasar el ritual de generación en generación.

EL ÁRBOL DE NAVIDAD Y LOS VILLANCICOS

Durante su infancia, Candela y su prima Gisela, un poco mayor que ella, tenían la tarea de adornar el árbol de Navidad y colocar el resto de la decoración en la casa de su abuela paterna. La abuela les asignaba esa labor el día 8 de diciembre, día de la Virgen, y luego, cada uno le hacía la carta al Niño Dios pidiendo sus regalos. La noche del 24, la mamá los llevaba a la catedral a rezarle a Jesús y a ver el pesebre y era en ese momento en que llegaban los regalos. Sin embargo, a medida que los primos fueron creciendo, y ya tenían novios o novias, se perdió un poco el encanto, porque ya no había la sorpresa del árbol ni la magia de Papá Noel. Entonces, simplemente se repartían los regalos a las 12 de la noche. Por suerte llegaron los hijos de los primos, los nuevos bebés de la casa, y trajeron mucho entusiasmo y mucha alegría e hicieron que regresara de nuevo la ilusión de Papá Noel.

Hoy en día, su mamá es la encargada de adornar el árbol de Navidad, y lo hace además con un ánimo especial desde que llegó a la familia el pequeño Juan Bautista, quien siente una gran afición por Papá Noel. El toque peculiar de la fiesta se lo da Candela quien llega cargada de detalles de Estados Unidos, sobre todo de manteles para adornar las mesas, una fascinación que le viene de su madre, célebre por preparar unas mesas muy lindas para cada ocasión. "Me interesa que si recibo a alguien en casa, la mesa cuente algo". Por ello, en Navidad, se esmera con los accesorios para crear un ambiente único y hermoso.

A Candela le encantan los villacicos, pero recuerda con particular cariño unos que cantaba María Elena Walsh, esa maravillosa cantautora argentina que editó un disco de villancicos que Candela no puede escuchar sin que la atrape la nostalgia. "Yo lo recuerdo muy bien. Recuerdo las melodías llenando la casa mientras preparábamos la cena y recuerdo bailar con mi prima al son de esa música". Además de bailarlos, supone haberlos cantado alguna vez, aunque considera que ése no es su fuerte. "Oído musical: ninguno... Además, tengo mala memoria, no me puedo acordar de las letras de las canciones".

REGALOS:
RECONOCIMIENTO Y AMOR

Otra de las cosas que ella disfruta de la temporada navideña son los regalos. Se considera una regalona por excelencia. Para Candela, la época es ideal para pensar en aquellas personas con las que comparte gran parte de sus días. Por eso se deleita buscando un detalle que demuestre el aprecio que siente por cada uno de ellos. "Para fin de año me gusta regalarle a la gente mía que trabaja en Telemundo". Sus atenciones incluyen a los productores y a los que trabajan en el departamento de talentos, que son los que se ocupan de ella, los que le coordinan los viajes y los que están pendientes de ella todo el año. Candela es famosa por saber reconocer a sus compañeros. También adora los detalles. Es de pequeños obsequios y es capaz de recordar qué le gusta a cada quien y está pendiente de lo que la gente dice para saber cuál es el regalo ideal para cada uno, ya sea en Navidad o en su cumpleaños. "Sí, soy de dar regalos, no importa si son caros o baratos, si son grandes o pequeños". Un secreto: le emocionan los gestos que tienen con ella, suspira por las flores, que son su regalo favorito, sin importarle sin son recién cortadas del jardín, compradas en el supermercado o encargadas a la mejor florería. Lo importante es el detalle y, por supuesto, mantener su casa permanentemente colorida y perfumada con un buen ramo.

Candela, en el fondo, siempre ha sido modelo. Desde muy pequeña disfrutaba representando personajes. Uno de los recuerdos más hermosos de su infancia es la Navidad en que su prima Gisela y ella recibieron de regalo un traje de su personaje favorito: la Mujer Maravilla. Aún recuerda con lujo de detalles aquellos trajecitos que no eran de esos baratos que venden en las tiendas, sino mandados a hacer a la medida. Eran una réplica exacta, con su faja, la estrella y cada uno de los accesorios. Sonríe al recordar que ese verano ella y su prima se lo pasaron vestidas de Mujer Maravilla, no importaba a donde fueran.

Con la misma emoción recuerda el día que le regaló a su pequeño sobrino Juan Bautista, quien tiene una gran curiosidad por todo lo relacionado con la construcción, un auto de Bob, el Constructor. El niño pasaba horas en el campo, extasiado, viendo a los empleados trabajando. También le encantaban los caballos. A partir de ese momento no tenía que conformarse con mirar desde lejos, ahora podía subirse al tractor y trabajar en el campo. "Aún recuerdo su carita de sorpresa cuando recibió el regalo".

SENTIMIENTOS QUE SE MEZCLAN

A pesar de que es la fecha que la familia más espera para reunirse y disfrutar de la compañía mutua, desde hace unos siete años la Navidad de los Ferro tiene un halo de tristeza. Justamente un 26 de diciembre murió su abuela paterna, la misma que durante años fue el centro de la celebración, la anfitriona y cocinera de los platos más tradicionales de la mesa familiar. "Es inevitable que mi papá se ponga un poco melancólico y un poco triste, porque esas fechas siempre lo van a llevar a recordar su partida". Pero también la abuela dejó en la memoria de todos muchas y muy felices Navidades, se encargó de poblar de gratos recuerdos la niñez de Candela junto a sus primos y les legó su alegría al poner la mesa. "Ese va a ser siempre el recuerdo de las Navidades de mi infancia: mis abuelos vivos y la casa llena de primos y de toda la gente que venía".

AGUA Y FUEGO
PARA EL AÑO NUEVO

De la celebración familiar Candela pasa a una celebración de la amistad en el año nuevo. En esta ocasión no se trata de un plato tradicional, se trata de festejar entre amigos. Como Candela conserva el vínculo con sus compañeros de la infancia, La Candelona se engalana para recibirlos a todos, porque la visita de Candela a Reconquista convoca a todos los amigos que no se ven durante el resto del año. Es un día de mucha alegría, música y baile.

Pero antes de que llegue la medianoche del 31 de diciembre, Candela aprovecha para practicar algunos rituales a fin de despejar las malas energías y alistarse para comenzar una nueva etapa. Uno de los rituales que practica lo adoptó de las costumbres de su cuñada. De acuerdo a Micaela, hay que llenar una copa de agua y lanzarla bien lejos para así arrojar lo viejo, lo pasado y de ese modo renovar el espíritu y abrirse a lo nuevo. "Esa es una práctica que hacemos desde que ella está en la familia". La otra sí es una costumbre de Candela, que a propósito, le gusta mucho. Consiste en que cada uno escriba en un papelito las cosas malas que le hayan ocurrido en el año que termina, lo doblen y lo pongan en un recipiente, y allí mismo, en la parrilla (porque toda casa argentina tiene que tener una parrilla) se queman los papelitos para que lo malo se vaya para siempre. Así, entre el agua y el fuego, la talentosa Candela se prepara para recibir el año nuevo.

Candela Ferro

Considerada como una de las figuras más reconocidas y admiradas de la televisión hispana, Candela Ferro posee más de diez años de experiencia en los medios. Pero fue a través de su trabajo como presentadora del programa Occurió así de Telemundo que se le abrieron las puertas del éxito. También presentó para la cadena el programa Ripley's Aunque Usted no lo Crea y la exitosa serie Decisiones.

Candela ha conducido importantes eventos especiales para Telemundo, incluyendo los premios Billboard a la Música Latina 2004 y 2001; la Alfombra Roja de los premios Billboard 2002; Ritmo Latino Music Awards; parada de Macy's, premios Golden Globes 2002, y Miss Universo 2003, estas últimas tres transmisiones emitidas por primera vez en español.

Nacida en Santa Fe, Argentina, desde pequeña siempre mostró interés en el mundo de las comunicaciones y la vida artística. Estudió ciencias de la comunicación en la Universidad de Buenos Aires.

A los 18 años se vinculó al programa Domingo Total, programa que se transmitía los fines de semana en vivo y en directo. También se desempeñó como reportera de espectáculos del programa De Boca en Boca de ATC Televisión y colaboró en muchas oportunidades en el reconocido programa El Juego de la Oca del Canal 13 de Argentina. Durante dos años fue conductora del programa Ser Humana, con cobertura internacional dedicado a la mujer y temas sobre moda, belleza, actualidad y entrevistas a personalidades.

Candela celebra la Navidad en familia.

ALEJANDRO FELIPE
FLORES

"El Frijolito"

Alejandro Felipe Flores es sorprendentemente maduro. Es difícil imaginar que un niño tan pequeño pueda ser un excelente actor, un profesional responsable, un chico serio, disciplinado, observador, inteligente, a la vez inocente, divertido y travieso, como cualquier niño. Admira muchísimo a su hermana Lilibeth y por eso no escatima palabras para promover su disco.

Mientras se grababa la telenovela *La Viuda de Blanco*, entre una escena y otra, Alejandro aprovechaba para jugar con su doble o con cualquiera de sus compañeros de trabajo, incluyendo a los camarógrafos, con quienes compartió como si tuvieran su misma edad: 7 años.

A Alejandro, o Alex, como lo llama su familia, le encanta actuar, porque le permite representar muchos personajes diferentes y a pesar de que ha logrado trabajos de gran factura como el doble papel de los gemelos Felipe y Duván, todavía espera con ansias, y picardía en los ojos, un papel de villano. Le encantan los retos. Abraza con alegría y responsabilidad cada nuevo desafío y sabe que hasta ahora los ha ido superando, porque así lo dice el público y la crítica especializada. Muestra de ellos son los dos premios que, a tan corta edad, ya ha recibido y de los que él habla con orgullo e inocencia: el Sol de México y el premio Orquídea USA 2006.

Hacer un doble papel, como el que interpretó en *La*

Viuda de Blanco, no es fácil para ningún actor, pero él lo asumió con mucha naturalidad. Sabía que cada uno tiene diferentes personalidades. "Felipe era más aventado y Duván era como más tímido". Él tiene su propia técnica para diferenciar a los gemelos. También explica con entusiasmo, como si se tratara de explicar las reglas de un juego de estrategia a un nuevo amiguito, cómo se realizaban las escenas donde aparecía los dos personajes que interpretaba. En ocasiones, no ponía a su doble sino que él decía su parlamento y mientras el otro actor contestaba, él se pasaba de lado y dice la letra que le correspondía al otro gemelo. "Tenía que terminar y pasarme así de volón y te vuelves a cruzar. Es difícil y divertido". La otra forma es que colocaban al doble mientras él hacía todo el parlamento de uno de los hermanos y luego cambiaban de sitio para hacer el del otro. Dice que disfrutaba ambas técnicas y también de los trucos que tenía para no confundir a Felipe con Duván.

Alejandro siempre se ha llevado bien con todo el elenco con el que trabaja y conoce a cada uno por su nombre. En Miami la pasó *padrísimo,* pero cada vez que recordaba a su familia sentía nostalgia por México y entraba en un conflicto: Miami o su familia. Entonces concluyó: "Acá (en Miami) me la estoy pasando en grande".

Entre los recuerdos de México está su colegio Clipperton pues aquí el ritmo de trabajo no le permite asistir a clases. Alejandro explica que ahora que tiene una responsabilidad tan grande —es casi protagonista— no le da tiempo de ir a la escuela, pero tiene una tutora que va al estudio a enseñarle. Se llama Karen y con ella estudia inglés y las demás materias que le corresponden por su edad.

LA NAVIDAD DEL AÑO 2006 FUE INOLVIDABLE.

Se podría decir que todos los niños consideran que la Navidad es la mejor época del año. Mejor que las vacaciones, porque además reciben regalos; pero pocos tienen la sensibilidad para percibir y describir lo que, para ellos, es el mejor regalo del mundo.

Fue en diciembre de 2006, luego de un año de trabajo

intenso, que Alejandro viajó con sus padres y su hermana a Villa Hermosa para celebrar las fiestas con el resto de la familia. Todo parecía que sería una Navidad como todas las demás: divertida y emocionante. Sin embargo, Alejandro muy en el fondo, guardaba el deseo secreto de que por fin Santa le concediera lo que por años había pedido.

Llegaron a casa de los abuelos en Villa Hermosa y comenzaron los preparativos. Lo primero en este caso es preparar la cena. Doña Adelina Zurita es conocida por sus habilidades culinarias y a Alex le encanta el pavo de su abuela. Así que pusieron manos a la obra, porque a él no sólo le gusta comer, sino el proceso de preparación. "Mi abuelita le inyecta una vacunita, una inyeccioncita por ahí. Y como que le saca pasitas, aceitunas. Le queda muy rico", dice con entusiasmo Alejandro. El pavo es uno de los platos favoritos de Alex, pero también se le hace agua la boca cuando piensa en el puerquito que a veces prepara y que de acuerdo a este pequeño gourmet, sabe delicioso.

Una vez que la cena estuvo en marcha, se prepararon para comenzar los festejos. Como en toda buena fiesta mexicana la piñata no podía faltar y en casa de Alejandro todos participan de esta tradición. Los primos, la hermana, la tía y hasta los abuelos se dieron a la tarea de darle unos palos a la piñata para ver salir las delicias que llevaba dentro: cacahuates, dulces y mandarinas. Claro que hubo un pequeño detalle. Como las mandarinas estaban maduras, al caer comenzaron a explotar y los dulces quedaron todos pegajosos. Pero eso no fue suficiente para detener a Alejandro. Después de todo, él es un chico práctico y pensó que era sólo cuestión de limpiarlos y ¡zás! ¡a la boca! Además, no importa cuantas personas participen, Alex siempre agarra como tres bolsas y todas de dulces.

Pero ahí no terminó la diversión. Después de la piñata todavía quedaban ánimos para jugar, así que escogieron uno de los juegos que más les divierte: el de la silla. Todos corren alrededor y al parar la música todos tratan de sentarse, pero siempre hay una silla menos. "El primero que se sienta no sale del juego y el que se queda parado... ¡adiosito nene!".

Ya entrada la noche, la familia se reunió para cantar villancicos. El gusto por la música les viene en la sangre, forma parte de la familia, así que nada mejor que cantarle al Niño Jesús en víspera de su nacimiento. Ese año Alex tenía un villacico especial para homenajear al Niñito Dios:

"Rodolfo el Reno de la Nariz Roja" y no era para menos, justo fue el tema que le tocó cantar en el disco de Navidad de Telemundo. "Ese es el primer disco que hago de Navidad, con todos los actores. Y me fue muy bien".

Por fin llegó la hora de la cena, una de las preferidas de Alejandro, quien normalmente es muy buen comensal. "Bueno, cuando tengo amigos que están corriendo por ahí me pongo como alocado, pero cuando estoy solo me atasco, me lleno". En una ocasión como esa, con un plato tan especial preparado por su abuelita, no podía dejarlo pasar. Digamos que ese fue uno de esos días en los que él dice que se llena hasta aquí, mientras señala la punta de su cabello alzado con gelatina.

Después de la cena, llegó el intercambio de regalos. A la mayoría de los niños en México, Santa Claus les trae regalos, pero en su familia, Alejandro aclara que además de Santa "también los trae mi tío Chicho y todos llevamos regalos y después de cantarle al Niño Dios vienen los abrazos y los abrimos. Todos les damos a todos".

EL AÑO QUE EL DESEO
SE HIZO REALIDAD

El año 2006 fue fructífero. Alejandro tenía un deseo, pero ni Santa, ni su papá, ni nadie se lo había concedido hasta ahora. Ese año, poniendo las cosas en una balanza, que incluía por un lado el gran esfuerzo de trabajar en una novela, estudiar con su tutora y aprender algo de inglés; y por el otro, una que otra escapadita a correr con sus amiguitos, pensó que tenía una buena oportunidad para que su deseo se hiciera realidad. Así que se dedicó a escribir una linda cartita a Santa Claus en la que además le deseaba Feliz Navidad y finalizaba con su tradicional ¡Ho, Ho, Ho!

Al final de una larga y divertida celebración, alrededor de las 2 de la mañana, Alejandro y su primo se acostaron a dormir, en parte por el cansancio y en parte por la expectativa de saber si esta vez se cumpliría su deseo. Era muy difícil dormir en tal estado de excitación pero no hubo otro remedio. Era la única forma de que llegara Santa.

A la mañana siguiente, Alejandro se levantó y fue directo al árbol. En el camino las dudas merodeaban por su cabeza y su corazón. "No creo que me traigan mi perrito," pensó. "Pero ¿crees que me lo traigan, pa?". Poco a poco se fue acercando. La primera señal fue una canastita, y cuando ya el corazón estaba a punto de salírsele, escuchó un ladrido. "¿Un perro?" Efectivamente, en la canasta había un cachorrito Schnauzer Mini Toy.

"¡Ay mi perro! ¡Qué bueno que me lo trajeron! ¿Cómo le ponemos? ¿Sharon?... ¿Robby? No sé, pero suena mejor Robby".

Alejandro siempre había querido un perrito y no se lo traía Santa, ni su padre se lo compraba. No porque se portara mal, sino porque para su edad, es un niño con muchas responsabilidades. Su trabajo como actor lo mantiene ocupado por largas jornadas, además debe viajar, por lo que cuidar de un perro significaba una carga más para él. Sin embargo, en vista de los logros obtenidos, esta vez le buscaron una salida al problema del perrito. Robby fue enviado a una escuela de entrenamiento de perros para que lo pudiera acompañar donde quiera que él fuera, y en vez de un dolor de cabeza, le sirviera de compañía en sus momentos de descanso. "Lo metimos en la escuela para que cuando yo le diga *sit*, se siente; *up*, se pare; *down*... mmm, no sé para qué".

Alex no está seguro de qué edad tiene Robby, pero le encanta decir que tiene tres meses. Simplemente calcula que Santa se lo trajo de dos meses y ya llevaba 1 mes con él, así que obviamente debe tener tres meses. Y en tan poco tiempo, ya Robby le va siguiendo los pasos de su nuevo amo en materia de viajes. Según la bitácora que lleva Alejandro, en apenas tres meses Robby ya ha viajado del Polo Norte a Villa Hermosa, de Villa Hermosa a México (DF) y de México a Miami y ahora se encuentra de nuevo en México. "¡Pobre perrito! ¡Pero bueno, está feliz ahí en su jaulita!"

Definitivamente, Santa premió el esfuerzo de este joven actor con el regalo que más feliz lo ha hecho en su vida. Si no, que le pregunten al resto del elenco y equipo de producción de la *Viuda de Blanco* que tuvo que escuchar una y otra vez cómo narraba con emoción el día que Robby llegó a su casa y los viajes que hizo en tan poco tiempo.

DESEOS DE AÑO NUEVO

Además de celebrar la Navidad a lo grande, la familia también festeja la llegada del año nuevo. Lo más típico que hacen es comer lentejas para atraer la abundancia. "Si te llenas cuando hacen las lentejas, a lo menos dale doce cucharadas, pero para que sea mejor, cómete toda la comida".

También comen las doce uvas y piden un deseo por cada una. Según él, se cumplen. Además, salen corriendo con las maletas para asegurar los viajes del año siguiente.

Alejandro siempre deseó que le fuera bien en la novela, y hoy desea que a su hermana le vaya bien con su segundo disco y que a sus "papis" les vaya bien en todo y que nunca les pase nada.

Podríamos haber pasado la noche entera conversando pero todavía le quedaban escenas por grabar, así que nos despedimos de este pequeño gran actor. Antes de regresar a sus labores le mandó un saludo a todos los niños y la recomendación de que hagan sus tareas y de que no se despeguen de sus padres para que no les pase nada.

Alejandro Felipe Flores

Alejandro Felipe Flores López nació el 18 de diciembre de 1998 en Villa Hermosa, Tabasco, México. Es el menor de la familia compuesta por sus padres, Alejandro Flores y Mary Carmen López; su hermana Lilibeth y él. Se inició como actor a los 4 años en la novela Amor Real *y desde entonces no ha dejado de trabajar. Ha participado en programas como* XHDERBEZ, Mujer, Casos de la Vida Real, Familia P. Luche, Chabelo, *la película* Voces Inocentes, Amarte Así (Frijolito), *y* La Viuda de Blanco, *donde tuvo la responsabilidad de interpretar un doble papel: los hermanos gemelos Duván y Felipe. A su corta edad, Alejandro ya cuenta con reconocimientos fuera y dentro de su país, entre ellos* El Sol de México *como mejor actor infantil de cine y el premio Orquídea USA 2006 como mejor actor infantil de telenovelas, gracias a su destacada interpretación de los gemelos Blanco.*

PAVO RELLENO DE LA SEÑORA ADELINA ZURITA, ABUELA DE ALEJANDRO FELIPE FLORES

INGREDIENTES:

PARA EL PAVO:

> 1 pavo de 12 a 15 libras, descongelado y limpio
>
> 1 taza de vinagre
>
> $\frac{1}{2}$ taza de vino rojo
>
> $\frac{1}{2}$ taza de vino blanco
>
> 2 cucharadas de mantequilla

PARA EL RELLENO:

> 4 cucharadas de aceite
>
> 1 cebolla, finamente rebanada
>
> 1 libra de carne para estofado
>
> 1 libra de cerdo, cortado en cuadros
>
> 1 taza de aceitunas, picadas
>
> $\frac{1}{2}$ taza de alcaparras
>
> $\frac{1}{2}$ taza de pasas
>
> $\frac{1}{2}$ taza de almendras fileteadas
>
> 1 cucharadita de sal

PARA LA SALSA:

> *3 tomates, picados*
>
> *1 cebolla, picada*
>
> *1 diente de ajo, picado finamente*
>
> *1 ají, picado finamente*
>
> *1 cucharada de orégano seco*

PARA EL PAVO:

Precaliente el horno a 325 grados F.

En un tazón, mezcle el vinagre y los vinos. Con una jeringa para aves, inyecte la mezcla de vinagre en la carne del pavo. Esparza una cucharada de mantequilla en la cavidad del pavo y lo restante en la superficie de éste mismo. Reserve. (Esto es lo que generalmente Alejandrito hace para ayudarme)

PARA EL RELLENO:

En una sartén grande, caliente el aceite a fuego medio-alto. Agregue las cebollas y sofría de 2 a 3 minutos aproximadamente, hasta que empiecen a ablandarse. Añada la carne y el cerdo y continúe cocinando por otros 5 a 7 minutos. Agregue las aceitunas, las alcaparras, las pasas y las almendras y cocine por otros 3 a 5 minutos, hasta que la mezcla se haya calentado lo suficiente. Ponga la sal, mezcle bien y deje enfriar.

PARA LA SALSA:

En un tazón mediano, mezcle los tomates, la cebolla, el ajo, el ají y el orégano. Ponga la mitad de esta mezcla en la cavidad del pavo. Vierta el resto sobre la superficie del pavo.

PARA HORNEAR:

Llene la cavidad del pavo con la mezcla del relleno y cósalo utilizando un hilo de cocina suficientemente fuerte. Hornee hasta que la superficie esté dorada y la temperatura interna sea de 175–180 grados F en los muslos y 165 grados F en el medio de las pechugas.

Su mamá es peruana y su papá es colombiano y los gustos de ambos se manifiestan en la comida, en la música y en las actividades familiares. Se trata de una familia muy unida que le ha dado a la Navidad un lugar preferente, pues es precisamente en diciembre que todos se reúnen para manifestar su amor, recibir cariño y recargar las baterías para el año siguiente.

LA NAVIDAD ES PARA RECARGAR ENERGÍAS

Desde chiquita Vanessa ha considerado la Navidad una de las épocas más bonitas del año. Desde agosto comienza la expectativa y empieza a comprar regalitos y detalles para obsequiar.

Hoy en día se ha convertido en el momento de la reunión familiar. Su hermana vive en Washington, su hermano en California, sus papás viven en Las Vegas y ella en Miami. Por eso, para ellos la Navidad es sagrada. Hacen los sacrificios que tengan que hacer para encontrarse en algún punto y disfrutar de la compañía mutua.

Desde que llegan, la mamá toma el control de la cocina y comienza con los preparativos para la cena. El pavo, que es quizás el plato más internacional de estas fechas, le queda delicioso; pero también prepara camotes y ensalada de papa mientras el papá se encarga del pisco sour peruano que nunca puede faltar para el brindis. A pesar de lo cercanos que son, todos los años, indefectiblemente, hacen un brindis en el que cada uno le expresa a los demás la importancia de estar unidos, la energía que reciben del núcleo familiar y aprovechan para contarse los momentos más significativos del año. Esa es la fuente de poder de Vanessa, quien trabaja arduamente durante todo el año. Ella, sabe que después de unos pocos días con los padres y los hermanos, regresa a sus labores renovada, llena de luz y vigor.

A su hijo Sasha, que tiene once años, ya le ha inculcado ese espíritu navideño familiar. Prácticamente desde que terminan las fiestas el chico ya está esperando la próxima reunión. "Él me ayuda a empacar los regalos, a prepararlo todo. Él es el que primero se levanta para hacer el brindis muy emocionado, porque desde chiquito ha visto que la familia es muy importante, que es muy significativo sentir ese apoyo, esa columna vertebral. Es lo que te da la fuerza y uno se nutre de esas relaciones". Por supuesto, a Vanesa también le gusta la parte de los regalos. A las 12 en punto se apagan las luces y cuando regresa, aparecen todos los obsequios.

Esa es una costumbre que le viene de la infancia, cuando vivía en Colombia y ponía un árbol enorme para albergar los muchos regalos por la cantidad de primos que llegaban de todas partes. "Éramos como ochenta personas todas las Navidades... Recuerdo que nos escondían a todos en un cuarto. ¡Que viene Santa Claus!, ¡Que viene Santa Claus! Apagaban todas las luces y cuando las prendían había una cantidad de regalos tal, que yo decía: ¿Será un sueño mío? ¡Esto es una maravilla!" En ese momento alguien se disfrazaba de Santa Claus y venía a repartir los regalos. La emoción le salta en la voz cuando evoca esos inolvidables días de su infancia.

Ahora continúa la tradición pero en una versión menos comercial. Ella prefiere que su hijo sepa que más que Santa Claus, son los seres queridos los que estuvieron pensando en él y buscaron algo que le iba a gustar para expresarle el cariño que le tienen. A lo mejor no es algo muy costoso, pero sí con mucho significado.

Las costumbres de la familia han cambiado desde que vinieron a Estados Unidos, principalmente porque antes eran fiestas gigantes, con toda la familia extendida y desde que ella vino, hace ocho años aproximadamente, el núcleo familiar se ha reducido. Ahora son ellos cinco y los hijos. Lo que no ha cambiado es que siguen mezclando las tradiciones peruanas con las colombianas. "La música por ejemplo es toda peruana, la que escuchamos en la Navidad y Año Nuevo y el *pisco sour* es totalmente peruano... El pavo es colombiano tradicional, lo ponen a dorar y todo; el camote peruano con malvaviscos (*marshmallows*) derretidos encima es espectacular. La ensalada de papa dulce es colombiana y la ensalada payares es típica peruana". Su madre pasa como dos días cocinando y ellos, como dos días comiendo, especialmente "sanduchitos" de pavo recalentado. Como si no bastara, al día siguiente la mamá prepara un caldo de papa con el pavo, que les sirve para borrar cualquier vestigio de los excesos de la noche anterior.

Vanessa recuerda que cuando era chica esa era la única noche en que podía quedarse despierta hasta la hora que quisiera. Generalmente los niños se quedaban jugando después de abrir los regalos y los adultos bailando. Hoy en día, a pesar de que son sólo diez gatos, siguen practicando las mismas costumbres. Definitivamente, son diez gatos consecuentes con sus tradiciones. Así que cuando por fin se levantan al día siguiente tras la trasnochada, a eso de las tres de la tarde, ese caldito levanta muertos de papa con pavo, viene al rescate.

EL MARATÓN NAVIDEÑO

Vanesa prefiere trabajar todos los días feriados del año con tal de tener para ella la Navidad y así poder viajar al encuentro con su familia. Este año tuvo que hacer proezas para poder aprovechar los pocos días que tenía.

El encuentro tuvo lugar en Washington, en casa de su hermana, y a ella le tocó viajar el viernes en la noche después del show y llegó el sábado en la mañana. El 24 fue domingo, y como todos los años, pasaron el día cocinando con la mamá al mando. Mientras preparaba el pavo, el resto de la familia, incluyendo los niños, prepararon las ensaladas y los postres. Mientras trabajaban iban picando y disfrutando. "Fue muy, muy bonito. Cantamos, bailamos, hablamos, hicimos brindis, tomamos champaña, que nos encanta a nosotros, y estuvimos hasta las tres de la mañana juntos". Pero a diferencia de otros años, esta vez Vanessa tuvo que regresar enseguida. Fueron todos a dejarla en el aeropuerto para que viajara a Miami. A pesar de todo, sintió que valió la pena porque se cargó de energía como si hubiera pasado un mes con ellos. Con ese nuevo brío, llegó, hizo el show por dos o tres días y regresó de nuevo junto a los suyos. Luego, se fue a Las Vegas con sus padres y posteriormente continuó el periplo en California, siguiendo los pasos de su hermano. "En diez días estuve en Washington, San Francisco y Las Vegas".

UNA FRÍA Y BLANCA NAVIDAD

Como parte del proceso de recargar las baterías y despejar la mente, Vanessa y sus padres planearon un paseo a Mount Charlestón, una montaña nevada cerca de Las Vegas, para ir a esquiar. El entusiasmo era enorme pues, sin duda, se trata de un paseo encantador. Todos iban emocionados con la idea no sólo de esquiar sino de poder compartir por las noches en la cabaña. Como a Sasha le encantan los juegos de mesa Vanessa preparó el cargamento: parchis, cartas, dominó, de todo. Por otra parte empacaron la comida, la champaña y otros víveres para la velada. Comenzaron el ascenso a la montaña con mucho entusiasmo pero el crudo invierno les retrasó el viaje. Una nevada les robó unas tres horas y, por si fuera poco, varias carreteras tuvieron que ser cerradas. Era un imprevisto pero al menos estaban todos juntos y en cualquier momento llegarían a su destino. La conversación servía de distracción pero los pensamientos estaban en el momento en que por fin pudieron instalarse, estirar las piernas y luego pasar la velada tomando champaña, comiendo y jugando cartas. Un plan nada despreciable. A medida que se acercaban, la emoción se hacía más grande. Faltaba cada vez menos para llegar, hasta que por fin, a las 8 de la noche, lograron llegar a la cabaña. Entonces el entusiasmo se desbordó, por fin podrían ponerse cómodos y aprovechar el resto de la noche. Lo que no sabían era que los esperaba una sorpresa. Al entrar en la cabaña un aire helado les caló hasta los huesos, como si hubiesen entrado a un congelador. Resulta que la calefacción estaba dañada y así, titiritando de frío, se sentaron en un sofá a darse calor. Las horas pasaban y todos como cubitos de hielo permanecían inmóviles en el sofá. El papá de Vanessa cogió impulso y prendió la chimenea con la esperanza de quitar un poco el frío, pero nada. Seguían todos con sus gorros, sus guantes, sus abrigos, sentados en el sofá, casi a punto de congelarse.

Como a la una de la mañana pasó un señor del hotel y lo llamaron para que viniera al rescate. El hombre hizo un par de movimientos y les dijo que la calefacción ya estaba funcionando, que entonces sería cuestión de un poco de paciencia, pero el calor nunca llegó. Como muñecos de nieve, acurrucados, veían la habitación, veían los juegos y la champaña, pero ninguno se animaba a levantarse y separarse del grupo. Así pasaron la noche, todos en una sola habitación, forrados hasta las orejas, tratando de darse calor humano el uno al otro. Por suerte, al día siguiente el tiempo se despejó, la calefacción se arregló y por fin pudieron disfrutar. Esa noche se trasmitieron mucho más que energía. Bien abrazaditos se enfrentaron a la helada sólo con el calor de su cariño.

UN DETALLITO
PARA CADA QUIEN

Vanessa trata de obsequiarles algo a todos. Aparte de su familia inmediata, ella pasa el año rodeada de gente maravillosa que son su apoyo y a quienes de alguna manera desea agradecer y transmitirles el cariño que siente por ellos. Entonces desde noviembre, con la ayuda de su hijo, comienza a preparar regalitos caseros, como bolsitas de chocolates empacadas por ellos mismos en lindas bolsitas de tela. "Es una época muy bonita porque en diciembre tú tienes la posibilidad de hacer un alto en el camino y agradecerle a Dios por todo el año que ha pasado, por todas las bendiciones que has recibido y por toda la gente linda que entró en tu vida y que te ayudó y te brindó su amistad". También acostumbra a mandarles correos electrónicos con mensajes donde les dice lo agradecida que está con la vida por todas las personas con las que le ha tocado compartir ese año. También estimula a su hijo a que lo haga para que vaya creciendo con la conciencia de que en la vida las cosas no son gratis y uno siempre debe estar agradecido por lo que recibe. Eso sí, prefiere no usar las tarjetas tradicionales para no gastar papel y ayudar a conservar el medio ambiente.

Casi siempre los regalos que le hace su hijo son sus preferidos porque él es muy detallista. Sasha pasa las vacaciones de mitad de año en Las Vegas con sus abuelos y trabaja en la zapatería con ellos para ganarse un dinerito. Este año el regalo que le dio su hijo fue una invitación a salir con todos los gastos pagados por él. La llevó al cine, la invitó a comer sushi (aunque no es de su agrado) y la invitó a hacer adornos de cerámica en un centro comercial. También le compró una canasta para que colocara todas las cosas que tiene que cargar a diario. Con orgullo y emoción confiesa que su hijo la sorprendió. "Fue un día que estuve muy agasajada por él y fue muy sentido todo. Todo lo que me decía: Es tú día mamá, lo que tú quieras, tú escoge el restaurante, tú escoge lo que pintamos, tú escoges lo que comemos. Fue muy especial. Él siempre es muy especial conmigo.

El hijo de Vanessa así como es de detallista, es de sincero. Ya le advirtió que para San Valentín se vaya buscando un compañero de su edad porque pronto él va a conseguir con quien salir y no podrá acompañarla. Sasha es todo un personaje. Dice el refrán que de tal palo tal astilla... No podía esperarse otra cosa de una profesional con mayúscula y de una mujer tan especial.

Vanessa Hauc

Vanessa Hauc es presentadora de noticias y corresponsal de Al rojo vivo con María Celeste, se unió a la cadena Telemundo en abril de 2002, donde también se desempeña como conductora suplente para la revista de noticias.

Vanessa llegó a Telemundo después de haber trabajado por tres años como presentadora y reportera de Univision KING en Las Vegas. Además, fue presentadora y co-productora de En Contacto, un programa sobre asuntos públicos producido por la ciudad de Las Vegas. En su natal Colombia, Vanessa condujo el programa nacional Splash.

Obtuvo su grado universitario en comunicaciones y periodismo de la Universidad de Nevada, además de haber estudiado en la Université d'Aix-Maseille, en Francia. En Colombia estudió en la Universidad Externado de Colombia, en Bogotá.

Actualmente reside en Miami, Florida con su hijo Sasha.

TARTA DE CAMOTE PERUANO DE LA MAMÁ DE VANESSA HAUC

INGREDIENTES:

> *4 camotes grandes, lavados y secos*
> *10 cucharadas grandes de azúcar morena*
> *1 bolsa de marshmallows pequeños*

PROCEDIMIENTO:

Precaliente el horno a 375 grados F. Corte los camotes en cubos. Sobre una bandeja grande para hornear, extienda los camotes. Disuelva el azúcar morena en una taza de agua. Vierta esta mezcla por encima de los camotes. Lleve la bandeja al horno y hornee por 1 hora, mezcle cada 15 minutos.

Retire del horno y cubra los camotes con los marshmallows. Regrese la bandeja al horno y ubíquela bajo la parrilla. Retire cuando los marshmallows tengan un color dorado y empiecen a derretirse. La tarta está lista para ser servida.

MAURICIO ISLAS

M auricio Islas es, sin duda alguna, el clásico
galán. Buenmozo, de mirada seductora, capaz
de derretir a cualquier mujer con una sonrisa, Mauricio es
el inolvidable galán de *Prisionera*, el cautivante líder re-
belde de *Los Planteados,* y el memorable protagonista de
Amores de Mercado. Es un reconocido actor y un gran
hombre. Sin embargo, al hablar de la Navidad de su infan-

cia, Mauricio se transforma de nuevo en un niño y su voz se torna dulce e inocente al recordar las visitas a la familia, los intercambios de regalos y la irrepetible cocina de su tía.

EL CENTRO DE MI UNIVERSO

Las Navidades de Mauricio han sido siempre 100 por ciento tradicionales. Cuando niño recuerda que siempre pasaban a visitar a la familia de su papá que se reunía en casa de su tío o de la abuela y luego hacían lo mismo con la familia de su mamá. Desde su mundo de niño disfrutaba de la emoción de esos recorridos en los que compartía regalos con sus tíos y primos. Se sentaban a la mesa a deleitarse con los tradicionales romeritos, a admirar el árbol de Navidad y a rezarle al Niño Dios.

Ya desde niño tenía sangre de artista y esperaba con emoción el momento de las posadas de casa en casa y las pastorelas en la escuela. "A mí desde chiquito me gustaba estar ahí metido de pastor, de posadero, de lo que fuera, de lo que me pusieran, yo iba y lo hacía". Y sin saberlo, ya se preparaba para lo que sería su vida profesional.

Además de los romeritos y el tradicional pavo asado, en la mesa navideña de su familia no podían faltar las deliciosas papas españolas de la abuela, los raviolis, las ensaladas, que de sólo recordarlas se le alborotan la nostalgia y el apetito, y el ponche mexicano de frutas, que a algunos le gusta "con piquete" que no es otra cosa que un chorrito de licor.

Aunque en general le encanta toda la comida, sus platos favoritos son los romeros y los raviolis. A su juicio, la mejor cocinera de la familia es su tía Maguito. Eso no significa que siempre le toque preparar el plato principal, pues generalmente todos contribuyen con algo, pero definitivamente Maguito es su favorita. "Siempre que nos ha tocado compartir en familia, nos llevan a comer a su casa. Navidad o no Navidad, cumpleaños, no cumpleaños, siempre. Tiene una mano deliciosa." Recuerda con la boca hecha agua.

A pesar de que el trabajo lo mantiene viajando, él trata por todos los medios de pasar la Navidad en México, donde se respira tradición y sentimiento en cada celebración.

SI ALGUIEN RECIBIÓ UN LINDO REGALO QUE LEVANTE LA MANO

A Mauricio le gusta mucho regalar, es muy dado a eso. Cuando estaba en la escuela, sobre todo en primaria y secundaria, era de los que siempre participaba en intercambios y amigos secretos. Era la época de los discos y cintas, que eran sus regalos preferidos y además, los que con más frecuencia regalaba. Y es que en verdad es un tipo de regalo muy apreciado tanto por hombres como por mujeres.

Hoy en día, continúa dándose gusto al obsequiar y su lista de regalos es considerable. Allí entran personas con las que trabaja y a quienes le gusta ofrecerles aunque sea un detallito. "Yo creo que es una fecha en la que mucha gente regala por compromiso laboral, pero yo la verdad nunca me he sentido así, no me siento obligado. Cada regalo que yo he hecho y he entregado en el trabajo, ya sea un detallito, una tacita, un chocolatito, lo he hecho con mucho cariño y con mucho corazón".

De todos los regalos que ha recibido hay uno, que le dieron cuando era un niño, que todavía recuerda con la misma emoción que sintió cuando abrió aquella caja y encontró dentro un tren eléctrico maravilloso, obsequio de su tío Roberto. Pero Mauricio no le ha contado a su tío, que a pesar del tiempo, aquel tren sigue siendo el número uno en su lista de los mejores regalos de su historia. O no lo había contado... hasta ahora.

EL NUEVO CENTRO DEL UNIVERSO

Las Navidades siempre han sido hermosas para Mauricio. Siempre vivió con la expectativa de los regalos, de la cena navideña, del encuentro con los tíos. Sin embargo, en mayo de 2002 un suceso cambió radicalmente su percepción de la Navidad y le hizo sentir, en carne propia, la verdadera dimensión de un milagro: el nacimiento de su hija Camila.

La llegada de la temporada navideña con un bebé de siete meses en brazos, un entrañable pedacito de uno mismo en otro ser, hizo que viera el resto de la vida en función de lo que aquella personita simbolizaba para él. Entonces el nacimiento del Niño Dios comenzó a tener un significado más cercano, más entendible. Los regalos eran para ella, la atención era para ella. Ese año sintió lo que es entregarse completamente en sentimiento, en alma, corazón y mente, a un ser. Con su intensa mirada verde llena de la felicidad que le produce Camila, reconoce que ahora es distinto: "Uno está pensando en la Navidad, ya no tanto para esperar sino para dar de otra manera". Desde entonces los regalos más importantes para él son intangibles, sólo los percibe con el corazón y los ve en los ojos de su pequeña Camila. Ahora puede decir con total convicción que su Navidad más significativa fue la primera que pasó con su hija.

AÑO NUEVO, VIDA NUEVA.

Por su indiscutible talento como actor Mauricio pasa todo el año cumpliendo un sinnúmero de compromisos y actividades, pero cuando se acerca el 31 de diciembre se dedica a la reflexión. Él piensa que cada vez que se cierra un ciclo hay que aprovechar para revisarlo y prepararse para iniciar el siguiente con fe. Entonces utiliza esos días para conectarse con Dios y pedirle lo mejor para todos. "Yo pido armonía, amor, paz, felicidad para mis seres queridos, salud para ellos, más que otro tipo de cosa". En general, siente que sus deseos se cumplen, aunque en ocasiones se cumplen de una manera distinta a la que esperaba. Mauricio siente que la Navidad es el momento para demostrar cuanta fe se tiene en la vida y en Dios. Para él, es momento de renovar sus creencias y si bien es cierto que hay muchos festejos alrededor de ese acontecimiento, se trata de una fecha netamente religiosa. "Es el nacimiento de Jesús. ¿Qué más religioso que eso?" Para él son momentos de convivencia, momentos hermosos. "Yo siempre he tratado de pensar que todos los seres humanos esperamos que venga la Navidad para que sea un momento de paz. Ojalá ese sentimiento lo tuviéramos todos los días". Se despide de nosotros dejándonos por detrás su linda sonrisa, la luz de sus ojos verdes y la convicción de que estuvimos frente a un gran artista y a un buen ser humano.

Mauricio Islas

Juan Mauricio Islas nació el 16 de agosto de 1973 en la Ciudad de México. Hijo del empresario Juan Islas y de Rosalinda Ilescas. Con apenas 17 años decidió dedicarse a la actuación, aunque desde la preparatoria ya estudiaba teatro y entró al Centro de Capacitación de Televisa, CEA. Ha participado en telenovelas, obras de teatro y en películas.

Carrusel de las Américas, Mágica Juventud, Volver a Empezar, Pobre Niña Rica, Mi Querida Isabel, Canción de Amor y Mi Pequeña Traviesa son algunos de los melodramas en los que tuvo oportunidad de actuar.

Preciosa fue la primera telenovela que protagonizó, junto a la actriz y cantante Irán Castillo, a la que le siguió Amor Gitano, donde interpretaba a Renzo, con lo que quedó demostrado su indiscutible talento como actor. *También trabajó en otras como* Cuento de Navidad *y* Mi Destino Eres Tú, *donde tuvo una pequeña participación como esposo de Lucero, la protagonista de la historia.*

En el año 2000 hizo su primer villano en Primer amor a mil por hora, *lo que lo hizo acreedor al premio ERES y participó en la novela* El Manantial, *junto a la actriz Adela Noriega.*

El teatro es otro de los medios en los que se ha desarrollado. La ópera rock Drácula, Las Mariposas son Libres *y el musical* Aventurera, *entre otras.*

En el año 2002 interpretó a Sergio en la cinta Punto y Aparte. *En 2003 interpreto a Adolfo Solís en la telenovela* Amor Real, *de la productora Carla Estrada, personaje que considera uno de sus mejores trabajos.*

En el año 2004 ingresa a Telemundo para grabar Prisionera *junto a la actriz Gaby Spanic, en Miami.*

En el 2005 Mauricio se trasladó nuevamente a México para grabar la telenovela Los Plateados, producida por Telemundo y Argos. En el 2006 rodó la película Want of Opportunity y su tercera telenovela con Telemundo: Amores de Mercado, junto a Paola Rey y Michel Brown.

NATASHA KLAUSS

Natasha Klauss es una belleza barranquillera de sangre uruguaya y ascendencia lituana cuya vida gira en torno a sus dos grandes pasiones: la actuación y la familia. Su trabajo le exige estar separada de los suyos la mayor parte del tiempo. Mientras graba la novela *Zorro: la Espada y la Rosa*, en la que ella representa a la atormentada joven Suplicios, vive viajando entre Bogotá y Villa de Leyva.

SU CENTRO ES SU FAMILIA

Sin embargo, Natasha es muy familiar y generalmente pasa las Navidades en Barranquilla con sus padres y sus hermanos. Como el resto de la familia vive en Uruguay, ellos se reúnen en casa de algún amigo con sus respectivas parejas e hijos. Lo importante es estar todos juntos.

Normalmente la forma de celebrar la Navidad tiene una mezcla de ambas culturas. Sin embargo, en la cena del 24 se admite cualquier platillo, de cualquier parte de Colombia, pero nunca falta el *roast beef* al estilo uruguayo que prepara Doña Susana, la mamá de Natasha. Y es que además de la sangre que les corre por las venas, ellos tienen un restaurante uruguayo en Barranquilla que se precia de ofrecer el mejor *roast beef* de toda la ciudad. Los demás antojos navideños a veces van por cuenta de los suegros de la hermana, que son colombianos. Para Natasha, vivir lejos de su tierra le provoca añoranzas en todos los órdenes. La nostalgia gastronómica en ocasiones es tan grande que este año, el 31 de diciembre, se dieron el gusto de preparar una parrillada en lugar del clásico pavo.

Natasha se deja cautivar por el espíritu de la Navidad, la alegría, el entusiasmo que pone la gente por estar unidos, alumbrar las casas, poner pesebres. Más allá de las costumbres religiosas, de rezar todos los días la Novena, está esa fuerza positiva que mueve a la gente durante esas fechas. Tanto para ella como para su familia, son fechas importantísimas.

Por supuesto, también le gusta la tradición de Santa Claus, la cual todavía disfruta como cuando era niña y hasta le sigue pidiendo secretamente a ver si le vuelve a traer regalitos. Pero en Uruguay, quienes traen los regalos son los Reyes Magos. Allá se celebra la cena de Nochebuena pero no esperan regalos ese día. Sin embargo, como sus padres llevan tantos años en Colombia, adoptaron las costumbres de ese país. Más que aferrarse a una costumbre u otra, lo que realmente los hace felices es ver disfrutar a sus hijos y a sus nietos. De hecho, los años que pasaron estas fechas en Uruguay sí celebraron el Día de Reyes. Mientras que en Colombia, ese día no tiene la trascendencia que tiene en el sur.

El año pasado, Natasha tuvo la oportunidad de viajar a Uruguay y fue como volver de nuevo a su infancia. Hasta los 11 años Natasha pasó todas las Navidades en el país de sus padres. Ese fue un viaje muy especial. Estaba toda la familia reunida alrededor de las mesas grandes, con mucha comida, mucha pasta, mucho queso, haciendo honor a la gran influencia italiana en el país. A pesar de que la carne es el centro de la gastronomía uruguaya, en la Navidad se hacen muchos platos de origen italiano, además, las mesas son unos verdaderos banquetes como corresponde a las costumbres de ese país europeo.

Natasha proviene de una familia donde todos cocinan, con excepción de ella y su hermana. En realidad, no es que no sepan cocinar, sino que no lo hacen con frecuencia. Ella confiesa con gran sinceridad que simplemente se ha acostumbrado a que le hagan las cosas, a que la atiendan. Pero no podía ser de otra manera, viene de una familia cuya forma de mostrar el cariño es a través de la comida. Su tía y su mamá cocinan como los dioses, su papá y su hermano son expertos en carnes y ella es muy querida por todos, es la consentida. Así que le toca ser atendida en ese aspecto, algo que, por supuesto, le encanta. Con una chispa de orgullo en sus grandes ojos negros nos confiesa que hasta su hija, de tan sólo cinco años, ya da muestra de interés por la actividad culinaria, así que piensa seguir contando por mucho tiempo con alguien que la mime con comiditas ricas.

Por suerte, la pequeña Isabel parece que continuará con la tradición familiar porque le encanta entrar a la cocina, picar los vegetales, ver como se hacen los postres y además es muy buena gourmet. A su edad ya es capaz de distinguir los ingredientes que le gustan de los que no le gustan o cuál es el mejor tipo de papa. Identifica lo que está bien hecho y lo que está mal. Definitivamente, disfruta la comida y es de buen comer.

El esposo de Natasha también cocina y a él sí le gusta. "¿No es grandioso?". Así que de seguro, hambre no va a pasar. Sin embargo, si le toca, le toca. Las pocas veces que lo hace lo disfruta y no le queda nada mal. "Yo a veces me meto en la cocina y hago vainas, pero no es la costumbre."

Como su dedicación a la cocina no es su fuerte, para disfrutar de una tradición navideña colombiana tan rica como lo es la de comer natilla con buñuelos, ella ha optado por la modernidad de las pre-elaboradas que viene en cajitas. La verdad es que la época en que se iba de casa en casa haciendo intercambio de estos platillos y luciéndose en la preparación de los mismos quedó atrás.

ENTRE LA ANGUSTIA, LA FELICIDAD Y LA ESPERANZA

Natasha siempre ha sido muy unida a su núcleo familiar, pero siempre hay un momento en la vida en que hace falta volar un poco. Justamente eso sintió un año en que quiso experimentar y hacer otras cosas por su cuenta. Unió sus vacaciones con la Navidad y preparó una especie de luna de miel. El 17 de diciembre partió para Uruguay llena de alegría y empezó a disfrutar el reencuentro con sus raíces. Sin embargo, el día 22 recibió una llamada que le cambió el tono a sus vacaciones. Su hermano había tenido un accidente de tránsito y estaba internado gravísimo en un hospital. Enseguida todo le comenzó a dar vueltas en la cabeza y en el corazón. No sabía qué hacer, cómo ayudar a su familia que estaba pasando por ese trance tan terrible.

¿Qué podía hacer? ¿Interrumpir el viaje que tanto había planeado y regresar a Colombia? Pero su mamá en ese momento le insistía en que no había nada que ella pudiera hacer, ni siquiera estando al lado de su hermano y le pedía que no arruinara sus vacaciones. Natasha decidió hacerle caso a su madre, pero fue muy duro para ella vivir esa contradicción. Una parte de ella estaba tratando de disfrutar el paseo, mientras que la otra estaba en estado de vigilia. "Ya el 28 me sentía que si llamaban era porque algo le había pasado y me tenía que ir al entierro". Su hermano salió, finalmente, de la clínica el 1 de enero dando por terminada aquella terrible pesadilla. Natasha al fin pudo respirar tranquila y aprovechar lo que quedaba del viaje. El amor se le desborda por los ojos cuando reconoce que ese año reconfirmó el valor que tiene la familia para ella y comprobó la fuerza de espíritu de su madre, que fue capaz de lidiar con el dolor y la incertidumbre de la situación de su hijo mientras a su vez trataba de transmitirle la calma a su hija que estaba lejos.

Natasha atesora muchos recuerdos hermosos, como el pasado fin de año, cuando la familia completa se fue a recibir el Año Nuevo a casa de unos amigos de sus padres, gente bella que los hicieron disfrutar uno de los días más espectaculares de su vida. Fue como volver a la época de Uruguay cuando festejaban con toda la familia. Ver a sus padres felices, disfrutando de la compañía de sus amigos, sus hijos, sus nietos, fue uno de los mejores regalos de Navidad. Por eso no pierde las esperanzas de hacer realidad un gran sueño: reunir de nuevo a sus padres con la familia en Uruguay porque hace muchos años que no se ven. "Ojalá se me cumpla, de verdad deseo con toda mi alma volverlos a reunir", nos dice con cierta tristeza en la voz. Es que Natasha quiere que vuelvan a estar con su tía y toda la parentela antes de que alguno de los mayores fallezca.

Para ella resulta complicado esto de vivir separados, porque es una persona muy familiar. Entiende que hay gente que puede separarse sin problemas, y que hasta lo disfrutan, pero ella comprendió hace tiempo que no es de ese tipo de persona. Comprendió que eso va en contra su esencia. Tampoco le teme a los cambios inevitables, pero prefiere mantenerse unida a la familia mientras tenga la opción: "El día que uno de mis papás falte voy a hacer otras cosas. No va a pasar nada traumático, pero me gusta más, aunque sea en casa de otra gente, estar con mi familia".

A pesar de que tiene sólo una hija, su idea es tener dos hijos más para extender la familia y regalarle a Isabel la buena experiencia que ella ha vivido con sus hermanos.

DAR Y RECIBIR

Natasha recuerda con mucho cariño el año en que recibió el juguete de la temporada: una muñeca repollito. Sin duda un regalo alucinante para ella. Lo que no ha podido experimentar es la sensación de recibir una sorpresa porque doña Susana simplemente no puede guardar un secreto, todo lo cuenta. Así que cuando llega el día de repartir los presentes, ya todos saben quién regala qué y a quién.

Sin embargo, ella si logró sorprender a todos en una ocasión. En la casa de los suegros de su hermana, acostumbran a montar un árbol grande donde se colocan todos los regalos del intercambio. Como era de esperarse, siendo una adolescente, cada vez que tocaba entregar los regalos ella entraba en los mismos que entregaban sus padres. Pero a los dieciocho años comenzó a trabajar y tomó los primeros noventa mil pesos que ganó para comprar regalos para toda la familia, incluyendo a su primo, su sobrino, su hermana, su cuñado, su hermano y sus padres.

Esa noche se sentía una mujer realizada y la felicidad no le cabía cada vez que tomaban un regalo que decía "De Natasha". Para ella el gran regalo fue ver la cara de asombro y orgullo de su familia cuando recibía alguno de los detallitos que con tanto cariño escogió para cada quien. Lo que más disfruta Natasha es sorprender a los demás. También le gustan los detalles románticos como las serenatas y tiene la dicha de que sus deseos, por lo general, se convierten en regalos.

En cuanto a Isabel, ella todavía está en la edad en que pide lo que ve en la televisión, lo que está de moda, pero durante la pasada Navidad sorprendió a todos cuando dijo que lo que más quería era estar con su familia y pasarla muy rico con todos unidos. Como todos los niños, pide pero también dice que ella entiende si no se puede. De todas maneras, aún vive la emoción y la ansiedad de la espera. Este 24 en la madrugada Isabel llegó dormida y todos pensaron que los regalos los abriría al día siguiente, pero no, a las dos de la mañana se levantó emocionada. Por suerte Papá Noel ya había llegado con los regalos. "¡Qué felicidad cuando destapan los regalos, las caras que ponen! Eso es lo que uno recuerda de grande también, si tuviste la bendición de tener regalos".

LAS PROYECCIONES DE AÑO NUEVO

Desde hace como cinco años Natasha acostumbra a definir lo que desea para el año siguiente antes de finalizar el anterior, ya sea algo material o espiritual. Anota sus deseos y las metas que quisiera alcanzar y las llama proyecciones. Pero no es una planificación estricta ni una apuesta de cambiarse el nombre si no lo logra; simplemente se traza unas metas que le sirven de guía y se proyecta en ellas. De todas maneras, siempre deja abierta la posibilidad de que esos deseos se den si son convenientes. "Porque uno puede desear cosas que no son correctas y que te pueden hacer mal o hacer sufrir. Así que deseo, pero si es correspondiente para mí y si voy a ser feliz con eso. Si no, no me voy a llevar a nadie por delante. También me adapto con facilidad a eso. Si no se me da, es porque no me conviene". Por suerte para nosotros, se le dio su carrera artística, algo que nos permite disfrutar de su gran talento y belleza. Esperamos que sea por muchísimo tiempo.

Natasha Klauss

Comenzó a manifestar su vena artística estudiando ballet, pero un accidente puso fin a su incipiente carrera de bailarina, así que comenzó a estudiar actuación. Entre los años 1996 y 2000 participó con personajes de reparto en varias telenovelas como Señora Bonita, Cazados, Corazón Prohibido y La Caponera. *En 2002 interpretó un papel principal en* La Venganza, *pero fue con la interpretación de Sarita, en* Pasión de Gavilanes, *que le llegó el merecido reconocimiento.*

En el 2005 participó en La Mujer en el Espejo. *Al año siguiente interpretó a la villana Isabel Montilla en la exitosa telenovela* La tormenta, *papel que le valió el premio TV y Novelas. En el año 2007 participa en la superproducción* Zorro: la espada y la rosa *donde le da vida a la atormentada Suplicios.*

ROAST BEEF DE SUSANA ARRONDO, MADRE DE NATASHA KLAUSS

INGREDIENTES:

PARA LA CARNE:

$1\frac{1}{2}$ a 2 libras de lomo

Sal y pimienta

PARA LA SALSA:

1 barra (8 cucharadas) de mantequilla

1 cubo de caldo de gallina

$\frac{1}{2}$ taza de agua

1 cucharada de pimienta recién molida

PROCEDIMIENTO:

PARA LA CARNE:

Precaliente la parrilla. Esparza generosamente sal y pimienta por ambos lados de la carne. Ponga la carne sobre la parrilla y cocínela hasta el término que desee. El término ideal es entre $\frac{1}{4}$ y $\frac{1}{2}$ lo equivalente a cocinar la carne aproximadamente 5 minutos por cada lado. Corte la carne

en lonjas y sírvala con la salsa de pimienta (receta a conti-
nuación).

Derrita la mantequilla en una sartén grande. Cuando ésta
comience a burbujear, agregue el caldo de gallina y revuelva hasta que éste último se disuelva completamente.
Añada el agua y la pimienta. Continúe revolviendo hasta
que todos los ingredientes se incorporen.

Natasha con su esposo Marcelo y su pequeña Isabel.

JEANNETTE LEHR

Jeannette Lehr es una mujer divertida, cálida y amistosa, con una capacidad extraordinaria para abrir su corazón y dejarnos entrar en él. Sus facultades histriónicas le permiten representar a los personajes más disímiles, incluso hacer de mala, detestable, alcohólica y sinvergüenza. En la vida real es una belleza de persona que expresa amor y admira a los seres humanos generosos que dan sin esperar nada a cambio.

EL PESEBRE EN EL CORAZÓN

Para Jeannette las Navidades no son las mismas si no tiene un nacimiento y un árbol de Navidad. Siente que puede prescindir de muchas cosas pero el pesebre es fundamental. Recuerda que en su primera Navidad en Miami estaba corta de dinero. Recién mudada, sola por primera vez y con todos los gastos que ello acarrea, una de sus primeras compras fue una mata de pino barata, pensando que llegado el momento, sería su árbol de Navidad. También se compró las figuritas básicas del nacimiento que luego fue creciendo hasta que logró montar el pueblo completo, no sin sentir el sufrimiento causado por la impaciencia de no tener todos los elementos desde el inicio. Esa misma impaciencia se apoderaba de ella cuando era niña y, de acuerdo a las tradiciones familiares, no podía abrir los regalos hasta el 25 de diciembre, cuando también llegaban los del Niño Jesús.

En Venezuela, quien trae los regalos es el Niño Jesús. A él se le escribe la carta y el 25 de diciembre los niños se levantan a descubrir lo que les trajeron. Generalmente, el 24 en la noche los niños pueden abrir los regalos de los abuelos y los tíos, pero el Niño Jesús viene al día siguiente porque tienen que estar dormidos para que aparezcan los regalos. Sin embargo, en el caso de la familia Lehr, las cosas eran un poco diferentes. "En mi casa en particular, nos torturaban, entonces ningún regalo se abría hasta la mañana". Por más que rogaban, la madre de Jeannette no dejaba que tocaran ninguno de los regalos que durante días se exhibían debajo del árbol de Navidad. Esta costumbre, como era de esperarse, pasó a la siguiente generación, pero las víctimas ahora son sus sobrinos. Así como sufría por lo que ella llamaba un complot de los adultos en contra de los niños, hoy Jeannette disfruta viendo a su sobrina acercándose a los regalos, sacudiéndolos tratando, de adivinar las formas, sacudiéndolos en busca de una pista y rogando que la dejen abrir uno. Y, de paso, igual que su mamá, los pone temprano para extender la diversión. Así, mientras la pobre Andrea le pide explicaciones de por qué la negativa de abrirlos, ella simplemente le dice: "Andrea, cuando tu seas grande tú vas a torturar a tus niños. Ahora me toca a mí; ésta oportunidad no la voy a perder porque a mí ya me torturaron". Con una sonrisa de satisfacción en la cara, Jeannette confiesa que ahora entiende lo sabroso que es hacerlos sufrir.

Desde que vive en Miami, Jeannette ha conformado un hermoso grupo de amigos, entre los cuales hay muchos venezolanos, unos cuantos colombianos, argentinos y una canadiense. Con ellos se reúne para hacer las tradicionales hallacas venezolanas, pues para ella, una Navidad sin hallacas no es Navidad. Claro, admite que el resultado no siempre es el mejor, pero el proceso, ese delicioso trabajo colectivo, bien vale la pena. Y a decir verdad, ni siquiera es que las sepa preparar, ella va y ayuda, pone el guiso, los adornos, las dobla, las amarra, pero se declara incapaz de preparar el guiso o la masa o dirigir el equipo de cocineros. Eso también lo heredó de su mamá quien tampoco sabía hacerlas y al final terminaba por comprarlas. Por esa razón nunca ha podido hacer suyo ese famoso dicho venezolano que reza que "la mejor hallaca es la de mi mamá".

Otro platillo que no puede faltar en su mesa navideña es el pernil de cochino y ese sí lo sabe hacer. En el pernil Jeannette vuelca sus mejores habilidades gastronómicas para lucirse en la cena de Nochebuena. A veces lo preparaba su padre, pero realmente es un aporte de ella basado en una receta de su colega y amiga Alba Roversi, quien según Jeannette, cocina como los dioses.

En algunas ocasiones también ponen pavo porque están en Estados Unidos, porque el pavo es muy rico y porque la canadiense prepara un pavo espectacular.

LA CARRERA DE CANTANTE

Para Jeannette es importante el ambiente musical. Por eso, desde que comienza la temporada navideña pone gaitas, que es una música típica de una ciudad de Venezuela que se llama Maracaibo y que Venezuela entera adoptó. Es una música rítmica, bailable, con mucho sabor y que en sus letras mezcla la fe religiosa con las protestas y la descripción de la actualidad. Y no es para menos, su familia es justamente de la cuna de la gaita. Lo que sí no le agrada es la música de Navidad norteamericana, con honradas excepciones. Por una parte, le parece demasiado triste y nostálgica para su gusto y por la otra, le recuerda a sus padres que la adoraban y ahora no están con ella. Con una nubecita de pena cruzándole la mirada, confiesa: "No soporto escucharla porque me da una tristeza... Y me da el diciembre llorón".

Pero es que además, después del saborcito de la gaita, no le quedan ganas de estar oyendo *I'm Dreaming of a White Christmas...* "¿Qué es eso, niño?. ¡Anímense!" Siempre se quejó de los ruidos de los cohetes y de los fuegos artificiales que se escuchan permanentemente en Venezuela durante todo el mes de diciembre. Sin embargo, ahora los extraña. "Acá me parece tan aguado, suenan 15 minutos y ya. ¡Dios mío que ordenados!". Claro, luego lo agradece por su perra Matea, a quien no tiene que atiborrar de pastillas para los nervios como le sucedía en Venezuela.

Pero no sólo escucha música, también canta. Según ella, no tiene una voz excepcional, pero tampoco tiene vergüenza. Canta porque le gusta, porque le da la gana y porque aunque nunca le piden que cante otra, tampoco la mandan a callar. Sin embargo, ya tiene dos discos grabados, *El Cuerpo del Deseo*, en el que canta dos temas y el disco de Navidad de Telemundo. Eso es más de lo que tienen muchos que se dedican a la música para vivir. Se podría decir que hasta tiene una carrera musical paralela que realmente le debe al Sr. Aurelio Valcárcel (productor ejecutivo de estudios Telemundo). "Cuando esté en el Madison Square Garden o ganándome un premio, diré: Esto se lo debo a Aurelio Valcárcel porque él fue el loco al que se le ocurrió ponerme a cantar". De sólo recordar su osadía, Jeannette se ríe y se ríe, como el día en que le enseñaron los temas que tenía que cantar en *El Cuerpo del Deseo*. Jeannette se paraba, caminaba y seguía con las carcajadas, por lo que Valcárcel le pregunta qué le pasaba y ella le contestaba: "Es que si mi papá oye, esto se vuelve a morir del ataque de risa. Que me estén pagando por cantar... ¡Si él hasta me mandaba a callar!". Y es que cuando estaban pequeñas, ella y su hermana viajaban mucho con sus padres por carretera, y entonces ellos escuchaban canciones de Armando Manzanero en versión de Los Panchos, estilo bolero. Ella y su hermana iban cantando a todo pulmón por el camino hasta que su padre no podía más y las mandaba a callar.

NUNCA REGALES LO QUE
NO QUIERES QUE TE REGALEN

Una de las costumbres de las Navidades de Jeannette es el intercambio de regalos. Pero claro, de este grupo tan singular de amigos no se puede esperar nada clásico. Ellos hacen lo que llaman un intercambio de regalos asesino, ya que el objetivo es tener el privilegio de poder quitarle el regalo al otro. Es una maldad aportada por Elaiza Irizarry, la productora de teatro, quien lo jugó alguna vez en un viaje y le encantó. El juego consiste en entregar a cada uno de los participantes un número al azar. El que agarra el número uno escoge el primer regalo y lo abre. El número dos puede escoger el regalo del número uno o cualquier otro. El tres puede escoger el regalo del uno, del dos o uno nuevo y así hasta que llegan al final en el que el número uno, que es el único que no ha tenido oportunidad de quitarle el regalo a nadie, decide con cuál de todos los regalos destapados, se quiere quedar.

Una vez, al papá de uno de los amigos, que había

venido de viaje a pasar la Navidad, le salió un regalo perfecto para él, como para llevárselo de viaje. Era una pesa electrónica, bellísima, pero además muy varonil, muy moderna, minimalista, preciosa. Entonces el esposo de Elaiza se la "robó" y el pobre señor desesperado, porque no había entendido las reglas, lo único que atinaba a decir era que ese regalo era de él, que él lo quería. Pero en vista de que no podía recuperarlo, comenzó a hacer maldades para que se lo quitara otra persona.

Una recomendación muy especial, en caso de querer probar el juego, es hacerlo lo más tarde posible, para que la gente esté una poquita tomada. Además, se puede ir preparando el ambiente un poco antes. En el caso de Jeannette y sus amigos, durante la preparación de la fiesta empiezan a escribirse y a amenazarse: "Va a rodar la sangre". "Lleven muchas curitas y por favor dejen el corazón en casa". "Hay que ser despiadados".

Si es difícil escoger un regalo a alguien que uno conoce, imagínense la proeza que significa escoger un regalo para alguien que ni siquiera se sabe si es hombre o mujer. Por lo que se recomienda comprar algo que realmente valga la pena... después de todo, uno nunca sabe si termina con el regalo que pensó que iba a dar.

A Jeannette le gusta mucho regalar pero desde que vive en Miami ha pasado los diciembres terminando novelas, entonces todo se complica. "Es horroroso, sufro espantosamente porque soy una sola persona y hay mucha gente, el equipo es muy grande, le debes a muchos, uno quisiera darle a todo el mundo. Por lo general terminas dando un detallito y uno siempre se siente corto". El drama queda parcialmente resuelto con los tradicionales intercambios de regalo que hacen en el estudio; sin embargo, ella siente que de alguna manera tiene que expresarle su agradecimiento a esas personas que están tan cerca y que se pasan el año apoyándola, como los maquilladores o los encargados del vestuario. Pero el tema se agrava cuando piensa en los camarógrafos: por más que quisiera regalarles algo, son muchos y de paso, hombres, lo que le complica aún más el trabajo de escoger el regalo apropiado.

RECIBIR EL ESPÍRITU
DE LA NAVIDAD

En Venezuela se acostumbra a recibir el espíritu de la Navidad el día 21 de diciembre. Esa noche, los amigos se reúnen para pedir deseos, no sólo para uno, sino para todo el universo.

Esa tradición se ha ido colando en Telemundo, gracias a un grupo de venezolanos que forman parte de los diferentes equipos de producción. Aunque no todos siguen paso por paso el ritual, muchos mantienen los aspectos básicos. Sin embargo, el año pasado apelaron a Internet para buscar la ceremonia tradicional y repetirla al pie de la letra, incluyendo la costumbre de pedir primero por el mundo, luego por el país, después por la familia y los amigos y por último, por uno mismo. "Es como el día en que tomas conciencia. Para mí el espíritu de la Navidad es el espíritu del amor que baja; tienes que ir preparándote porque el Niños Dios ya viene y para mí es importante".

Ese espíritu especial que reina durante la temporada

navideña es esencial para Jeannette quien se considera una persona muy creyente. Piensa que el nacimiento de Cristo trasciende la esfera del cristianismo. El mensaje de amor, entrega, la esperanza de una mejor vida más allá de la angustia y la necesidad, debe reinar en todos los seres humanos. Además, durante esas fechas se practica mucho la generosidad, se desean cosas buenas, la gente se toma el tiempo de escoger un regalo para otro. "Lástima que lo celebramos una sola vez al año porque a veces se nos olvida tener ese entusiasmo el resto del año".

UN FESTÍN GASTRONÓMICO

Jeannette cuenta llena de orgullo que se ha dado cuenta que Venezuela es el único país que tiene platos especiales que sólo se comen en Navidad. La mesa navideña venezolana va desde el plato principal hasta el postre, incluyendo el licor. Nadie come hallacas en otra temporada, ni pan de jamón, ni ensalada de gallina, ni se toma Ponche Crema y muy rara vez se come dulce de lechosa (papaya). "El que coma hallacas en agosto tiene un problema. ¿Qué es eso?". De acuerdo a lo que le han contado sus compañeros, en otros países normalmente preparan el plato más representativo de la gastronomía nacional, pero nada que sea exclusivo de esas fechas.

Por otra parte, la preparación de las hallacas es, en sí, otra de las tradiciones de la época ya que se trata de una actividad familiar. En cada casa existe una forma de organizarse y de participar. Hasta los niños se van iniciando en el proceso desde pequeños con trabajos más sencillos. A los menos hábiles en la cocina les toca atender a los cocineros, ya sea sirviendo tragos, poniendo música o dándoles de comer. Además, la receta por lo general tiene sus toques especiales y secretos bien guardados que no se comparten a no ser con otro miembro de la familia. "Entonces tú vez como la familia aprovecha ese momento para encontrarse, para decirse cosas, para chismear y hasta para sacarse que 'cuando yo tenía 7 años tú me rompiste mi muñeca'".

Jeannette recuerda que durante su primer año aquí, mientras grababan *Amor Descarado*, la gente comenzó a sentir nostalgia y empezaron a compartir sobre lo que cada quien hacía y comía en Navidad. Entonces a la productora Marta Godoy se le ocurrió organizar la mejor fiesta que ella recuerde. Se colocaron quioscos por todo el estudio; cada uno representaba la nacionalidad de los miembros del equipo, incluyendo actores, técnicos, ejecutivos y productores. Había de España, Cuba, Puerto Rico, México, Colombia, Argentina y Venezuela, entre otros. Los quioscos tenían que estar decorados según la tradición de cada país. El de Venezuela estaba adornado con las fotos de Miss Venezuela. El de Argentina tenía una tasca con tangos, asados y todo. En el de Puerto Rico hicieron una casita de plátano y quien estaba a cargo del quiosco, que era un maquillador, resultó ser un cocinero maravilloso. Se hizo un concurso para escoger el quiosco mejor decorado. Ganaron los cubanos pues tenían en su equipo a gente de utilería y escenografía. Construyeron una casa con un tendedero en la parte de atrás con ropa interior gigante. Todos los equipos amanecían trabajando. Terminaban de grabar y se iban para embellecer más su quiosco. "No sabes la belleza que fue eso. Esa fue una fiesta de Navidad muy linda".

Paradójicamente, y después de tanto alarde por la gastronomía venezolana navideña, el quiosco de su país, según Jeannette, fue el peor de todos. "Que vergüenza, tú no sabes…" Recuerda que la comida no llegaba y lo único que tenían para ofrecer era cerveza Polar, otra paradoja, pues eso sí se consigue en cualquier época del año y en cualquier rincón del país. "Pero además de cerveza, rodó el tequila y variados licores típicos, por lo que la 'alegría colectiva' fue memorable", dice con gran picardía.

A Jeannette se le llenan los ojos de magia cuando evoca con añoranza las Navidades de su infancia, llenas de parrandas que iban cantando de puerta en puerta, las noches sin dormir entre misas de gallo, los fuegos artificiales y las patinatas, de las que regresaba a la mañana siguiente con la ropa hecha jirones. Lamenta que tradiciones tan bellas se hayan ido perdiendo.

También recuerda una Navidad preciosa que pasó en Argentina hace como cinco años donde vio cientos de globos con velas dentro surcando los cielos con los deseos de la gente.

LA NAVIDAD EN QUE
SE RECONCILIÓ CON
EL SER HUMANO

En diciembre de 1999 en Venezuela sucedió una tragedia que marcó la vida de millones de habitantes. Esa es justamente la Navidad que nunca olvidará. El 15 de diciembre, luego de varios días de lluvia incesante, el cerro El Ávila, que separa a Caracas del mar Caribe, comenzó a venirse abajo y enormes rocas arrasaron a varias poblaciones enteras de la costa. Nunca se supo cuántas personas murieron pues gran parte de los cadáveres fueron a parar al mar o quedaron tapados bajo metros de rocas y lodo. Pero así como se movilizó la tierra, se movilizó la gente.

Jeanette vivía en la zona de San Bernardino, que queda en las faldas del Ávila y que también sufrió un poco, pero nada comparado con lo que había sucedido del otro lado. En ese momento trabajaba en Radio Caracas Televisión y aún cuando su propio suegro estaba desaparecido, por instinto, lo primero que hizo fue irse al canal a ver en qué podía ayudar. Al llegar se dio cuenta de que todos los compañeros que no habían sido afectados hicieron exactamente lo mismo: ponerse a la orden de quien los necesitara. Tenían líneas abiertas las 24 horas para que la gente llamara y diera los datos de sus familiares en un esfuerzo por encontrar a los desaparecidos. "Me acuerdo que no había nadie que aguantara más de media hora en el teléfono. Había actores tratando de dar apoyo, anotar y luego decirlo al aire, tratar de dar un poquito de ánimo a esa gente que estaba desesperada. Algunos se paraban a vomitar, se iban en llanto porque no podían más y soltaban aquel teléfono y sin embargo, respiraban un rato y volvían a sentarse". El actor y director Tony Rodríguez, junto a su esposa y a otra pareja, subieron con sus camionetas al cerro Ávila a llevar todo lo que pudieron encontrar a Galipán, un pueblito montañero del que nadie se había acordado. Recuerda a un actor que se volvió loco al ver su casa y su familia desaparecida, entonces agarró a su perrito y empezó a caminar y llegó al canal. "Yo me imagino lo que él pensó: no tengo nada más, tengo que irme al canal. Y cuando llegó uno le preguntaba '¿de dónde vienes?' y él decía 'de allá, de allá'..."

Mientras tanto, en el propio edificio de Jeannette, los adolescentes tomaron la iniciativa de adueñarse del restaurante y pusieron a sus madres a cocinar para los damnificados del barrio vecino. Salían a buscar lo que pudieran conseguir y lo traían para ofrecerle algo de comer y dar cobijo a las familias que se habían quedado sin hogar. Esa gente vivía en zonas consideradas peligrosas por la delincuencia, pero a nadie le importó eso; al contrario, les abrieron los espacios para que durmieran allí con sus familias. "Ahora le estabas diciendo vente a mi casa a dormir esta noche a esa señora y al marido borracho con cara de asesino y a los tres hijos que no tenían sino lo que traían puesto".

Ya habían pasado dos días cuando dieron con el paradero de su suegro. Estaba en Valencia, a dos horas de Caracas. Llegaron al lugar de noche y tropezaron con un señor que iba caminando con su hija hacia su casa. Le preguntaron cómo llegar hasta donde estaba su suegro y el señor se devolvió para guiarlos. Al llegar les deseó que encontraran a quien buscaban, los bendijo y se despidió.

Cuenta Jeannette que cuando bajó a La Guaira por primera vez, el 6 de enero, todavía no se podía respirar. "El olor era muy fuerte y ver la montaña rasgada como si un gato gigante la hubiera arañado, ver piedras del tamaño de una casa, edificios que eran una piedra completa, ver lugares que de repente te parabas y nos sabías dónde estabas, que los semáforos te estaban llegando a los tobillos, saber qué había abajo y aquel olor a muerte, todavía pedazos de gente que veías por ahí... era espantoso."

Esa Navidad la vida le dio la lección más importante. Un país que no estaba preparado para un desastre natural de esa magnitud, en cuestión de horas salió de su casa y se organizó como mejor le dictaba el sentido común, para tratar de rescatar a las víctimas y darle apoyo a los sobrevivientes. Jeannette sabe que eso es algo que pasa en todas partes. "El ser humano tiene una capacidad muy grande para la maldad, pero también para la bondad, para la conciencia de que somos uno y cuando hace falta, hasta el más egoísta, hasta el maluco, saca su lado bueno". En esa Navidad todas las cosas en las que ella cree se pusieron de manifiesto en su propia gente.

Jeannette siente que en esa ocasión, a pesar del horror, de los robos, los saqueos y las violaciones, al poner las cosas en una balanza, definitivamente ganó el bien. "Esa cosa tan impresionante de 'no me importa quién eres, si te está pasando a ti, me está pasando a mí', eso me llena de orgullo como ser humano. Me gusta ser de esta raza, ni siquiera venezolana, porque no creo que sea algo que nos pertenezca, me gusta ser de la raza humana. Fue una experiencia muy bella".

Jeannette Lehr

Actriz venezolana de gran trayectoria en el teatro, cine y televisión. En el 2003 comenzó a trabajar en la novela de Telemundo Amor Descarado.

Ha trabajado en películas como Oro Diablo *y* Santera. *Recientemente participó en la puesta en escena de* A 2.50 la Cuba libre.

Ha trabajado en numerosas telenovelas, entre las que se encuentran producidas en Estados Unidos: La Viuda de Blanco, *2006;* El Cuerpo del Deseo, *2005;* Anita no te Rajes, *2004 y* Amor Descarado, *2003. En Venezuela, trabajó en:* Carita Pintada, *1999;* Reina de Corazones, *1998 y* La Inolvidable, *1996.*

PERNIL ROVERSI DE JEANETTE LEHR

INGREDIENTES:

> 1 pierna de cerdo de 5 libras, con hueso
>
> 2 cebollas, cortadas en finas rebanadas
>
> 2 tazas de jugo de naranja
>
> $\frac{1}{2}$ taza de salsa de soya
>
> 2 tazas de Coca-Cola

En un tazón grande, mezcle las cebollas, el jugo de naranja y la salsa de soya. Inyecte la mitad de la mezcla en el cerdo. Ponga el cerdo en una bolsa especial para hornear y vierta el resto de la mezcla. Selle la bolsa y deje macerar por una noche entera en el refrigerador.

Precaliente el horno a 350 grados F. Retire el cerdo de la marinada y póngalo en una cacerola especial para rostizar. Deseche la marinada. Vierta la Coca-Cola sobre el pernil y hornee aproximadamente por $2\frac{1}{2}$ horas o hasta que la temperatura interna sea de 150 grados F. Retire del horno, cubra el cerdo y déjelo reposar por un lapso de 10 minutos.

Cuele los jugos de la cocción y viértalos sobre el cerdo cortado en rebanadas antes de servir.

Jeannette, con su mejor sonrisa navideña, en 2005.

JESSI LOSADA

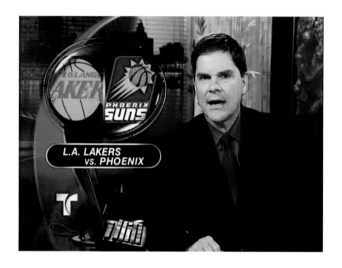

Es natural imaginarse a Jessi Losada comentando deportes. Después de todo lleva más de veinticinco años en los eventos, frente a las cámaras y los micrófonos, haciendo esa labor con pasión y calidad. Pero no todo es deporte en su vida. Jessi frecuentemente saca a relucir sus otras grandes pasiones: compartir con sus hijos, viajar y cocinar.

Jessi es padre de tres hijos aunque los dos mayores, producto de su primer matrimonio, no viven con él. Así que durante las fiestas y las ocasiones especiales, trata de aprovecharlos al máximo. A veces viajan juntos, a veces se ven aquí en Miami y luego viaja a California donde vive la familia de su esposa.

UN ENCUENTRO ENTRE HERMA-NOS QUE MARCÓ SU VIDA

Durante todo el mes de diciembre, Jessi disfruta de su hogar y participa en toda la decoración navideña, especialmente en el montaje del árbol, ya que los adornos de su árbol están llenos de tradición y significado. Por ejemplo, el angelito que va arriba lo conserva su esposa Angelina desde que estaba en la escuela secundaria. "Es bien chico pero bien simpático y aunque el árbol sea grande, ahí va". Además, cada hijo tiene sus piezas exclusivas que los representan en el árbol navideño.

Poco a poco van colocando detallitos por aquí y por allá.

Ponen lucecitas por fuera, algunos adornos por dentro, el árbol, un nacimiento y un trencito que compraron para que el *baby* lo viera, con un Santa Claus que se mueve con luces y música. El arreglo lo hacen entre todos, aunque él solo sube el árbol, porque es muy pesado. Pero una vez arriba, la familia completa va colocando las decoraciones.

Ya con todo en su sitio se da inicio a la otra tradición familiar: la cocina. En ese terreno el asunto se pone competitivo. Tanto Jessi como su esposa cocinan muy bien y ambos lo disfrutan, aunque como buen deportista, acepta que Angelina es mejor cocinera que él. Así que cada año se arma el equipo y entre todos preparan una mesa ecléctica y deliciosa donde varían los platillos, eso, a menos que pasen la Navidad en la casa de la familia política. Allí la cena es mexicana, de la mera, mera. Entonces ponen manos a la obra para preparar los tamales.

Lo cierto es que en Miami, en California o donde sea, la cena navideña es un trabajo de familia, en el que participan hasta sus hijos mayores que ya tienen 12 y 10 años y le han tomado el gusto a la actividad culinaria. El único que todavía no le mete las manos al caldo es el menor que apenas tiene un añito.

El plato que Jessi elabora con verdadero orgullo de chef es el *Risotto*, que a veces forma parte de la mesa navideña. Aunque también se ufana de un delicioso pavo cuya receta varía cada año, pero siempre le queda bien. "Cada año le invento algo diferente, al estilo mexicano, al estilo italiano".

Así como disfruta cocinar, disfruta comer. Tanto, que no puede escoger un plato favorito. En todo caso su preferido está entre la amplísima gastronomía italiana y la mexicana. Durante los primeros días de diciembre, Jessi, Angelina y los niños asisten a las fiestas de los amigos, participan de los intercambios de regalos y comparten con ellos ese espíritu festivo; pero el día de Navidad tratan de mantenerlo lo más posible en familia.

Otra de las costumbres familiares es la de pasar por la iglesia a darle gracias a Dios por todas las bendiciones que disfrutan. Llevan a los niños para que ellos se acostumbren a agradecer las cosas buenas que les da la vida, pues consideran que no hay que dar nada por sentado y que son personas muy afortunadas.

REGALOS DEL CORAZÓN

Jessi acostumbra a intercambiar regalos con su familia y a pesar de que por su lado no son muchos, por parte de Angelina, sí. Así que las listas de compras suelen ser considerablemente extensas. En esa misma medida él y su familia reciben detalles de parte del resto del grupo. Pero de todos los regalos que recibe cada año, los que más le gustan son los de sus hijos mayores porque generalmente se trata de cosas hechas por ellos mismos, como las tarjetas que hacen en el colegio. "Para mí eso es lo más bonito que puedo recibir, más que cualquier otra cosa material, porque son regalos hechos con sus propias manos y con el corazón".

Con esa misma emoción en la voz recuerda los años en que estaban recién llegados a Estados Unidos. Jessi vino con su madre cuando apenas tenía tres años y su padre tuvo que quedarse en Cuba por un tiempo. Pasó aproximadamente año y medio sin su padre y aunque no recuerda su primera Navidad con él aquí (apenas tenía unos cinco años) supone que debe haber estado muy contento.

Lo que sí recuerda vívidamente fue el año en que Santa le dio un gusto al pequeño Jessi. En esos días solía pasar con su madre por una tienda que tenía un hermoso helicóptero en la vidriera. Con toda inocencia, Jessi le pedía a su madre que se lo regalara, pero ella no tenía dinero suficiente. Sin embargo, un día Santa Claus le concedió el deseo. Cuando se despertó esa mañana, allí, debajo del árbol estaba el helicóptero con el que había soñado una y otra vez. En aquel entonces el crédito por la dicha incontenible de ese momento se lo llevó Santa, pues él no sabía el sacrificio que había hecho su madre, reuniendo de a poco todos los días para darle el gusto, hasta que llegó el momento en que lo entendió todo. "Recuerdo que sentí una felicidad tremenda al recibirlo y más adelante me siguió dando felicidad al saber de la forma en que ella lo hizo. Así que recibí el regalo dos veces".

NAVIDADES INOLVIDABLES

Entre viajes, cenas y regalos, Jessi recuerda aquellos años cuando sus hijos tenían alrededor de cinco años; esa edad en que las Navidades eran bonitas y mágicas. ¡Cómo disfrutaba ver la manera en que se levantaban tempranito para averiguar qué había dejado Santa debajo del árbol, sus caras de asombro, como se les iban los ojos con los juguetes! Con una mezcla de nostalgia y expectativa Jessi añora esos días y espera que este año retorne al hogar la emoción de los regalos de Santa Claus, pues el año pasado los mayores ya no lo esperaban con la misma ilusión y el pequeño estaba muy chico para entender.

Sin embargo, de las Navidades de su infancia, adolescencia y adultez, hay dos que quedarán siempre en su memoria. Una fue la primera que pasó con Angelina en casa de la familia de ella en California. Los padres de su esposa viven en una comunidad muy pequeña que se llama Visalia y que conquistó a Jessi apenas llegó. Estaba reunida toda la familia de Angelina y pudo conocer a sus abuelos y a toda la parentela. Fueron unos días muy especiales en los que el amor y la buena mesa fueron los protagonistas. "La verdad, me encantó. La pasé muy bien".

La otra fue cuando tenía como 19 años y tanto su padre como su tío todavía vivían. Su papá tenía cáncer y ya sabían que esa iba a ser su última Navidad. Entonces su mamá trajo al hermano de su padre de Nueva York. Fue muy especial porque su padre no había visto a su hermano desde hacía varios años. A pesar de la tristeza de saber que no se volverían a ver, pasaron unos días muy felices, una Navidad muy bonita porque de nuevo los hermanos estaban unidos compartiendo y "esas alegrías valen mucho en la vida".

Además recuerda que le tocó convivir bastante con su tío. Pasó gran parte del día con él; se convirtió en el anfitrión de la temporada pues su papá y su mamá todavía estaban trabajando. "Mi tío fue quien me enseñó a cocinar y me despertó el interés por hacer comidas de alta cocina". Su tío era una persona muy especial, le gustaba la gastronomía, los buenos libros y la música clásica. Con cariño rememora aquellos días. Sin poder evitar que los sentimientos se asomen a sus ojos. Recuerda que esas dos semanas fueron muy interesantes y emotivas; su tío le despertó muchas de sus inquietudes por la cultura y además, conserva como un tesoro la satisfacción de saber que su padre pasó su última Navidad junto a sus seres más queridos.

AÑO NUEVO COSMOPOLITA

La familia actualmente ha tenido que posponer sus mejores tradiciones para recibir el Año Nuevo, ya que el bebé está muy pequeño; pero normalmente a Jessi le gusta viajar para recibir el Año Nuevo, especialmente a Europa. "A mí me encanta ir a Europa: Italia, Francia, España. Esos lugares siempre son muy bonitos y me encanta la manera de vivir en esos países". A lo mejor ese gusto lo heredó de su tío que fue quien lo inició en los placeres de la buena mesa y la música clásica del viejo continente.

Eso sí, estén donde estén, todos los años en la víspera de Año Nuevo, la familia completa se reúne para escribir sus resoluciones para el año entrante. Por lo general se plantean cosas típicas como: comer mejor, bajar de peso, hacer ejercicios. Cada quien hace su lista y luego las comparten. Una costumbre que sirve para recapacitar sobre lo que estamos dejando pendiente y las cosas que deberíamos hacer para mejorar nuestro estilo de vida o alcanzar nuestros sueños. La pregunta clave que siempre se hacen es por cuánto tiempo son capaces de mantenerse firmes en sus buenos propósitos. "Tú sabes como son esas cosas con los muchachos, ellos dicen que no van a comer más *fast food* y a la semana ya se les olvidó". También se comen las doce uvas para pedir deseos con cada campanada y darle un toque especial a ese momento que marca el inicio de un nuevo ciclo en la vida. Sin dudas, el talento que disfrutamos de Jessi Losada no nace solamente de su profesionalismo y carisma sino también de sus tradiciones, de su gran amor por los hijos y la familia y de su corazón siempre dispuesto a entregar lo mejor.

Jessi Losada

Jessi Losada es uno de los presentadores de deportes más reconocidos en la televisión hispana de Estados Unidos. Sus programas en Telemundo incluyen Titulares Telemundo, Los Triunfadores *y* Boxeo Telemundo. *Además de cubrir eventos deportivos especiales como los Juegos Olímpicos de Atenas 2004 y Torino 2006, Losada tiene más de treinta años de experiencia como comentarista.*

Ha recibido numerosos premios Emmy como reconocimiento a su destacada labor, incluyendo uno por su cautivante historia de Rafael Palmeiro en 1992, así como sus reportajes desde Milán, Roma y otras ciudades durante la Copa Mundial de 1990 en Italia, y por los cuatro programas preliminares al Super Bowl *que condujo.*

Losada fue la voz en español de la cadena de radio de los Rams de Los Ángeles, de 1984 a 1987.

También ha aparecido como comentarista en un sin-número de juegos pre temporada del equipo de Los Ángeles Raiders. Antes trabajó con la cadena de radio CBS Américas en numerosos proyectos que van desde la cobertura de los juegos de la NFL hasta el Super Bowl y la Copa Mundial de Fútbol. Actualmente es la voz del Super Bowl para la cadena de radio LBC.

CHRISTIAN MEIER

Christian Meier es, sin duda, el galán del momento; aunque él insista, con modestia, que sólo se percibe como un actor. Posee una mezcla de virilidad y ternura que lo hacen sumamente atractivo a las mujeres. ¿Pero quién es el ser humano que se escondió tras la máscara del Zorro? Christian es el menor de cuatro hermanos, hijo de Antonio Meier, el actual alcalde de San Isidro y de la primera Miss Universo peruana, Gladys Zender. Está casado con la actriz Marisol Aguirre, con quien tiene tres hijos preciosos: Stéfano, de 11, Tayra, de 5, y Gia, de 4. Más allá de su fama y talento indiscutible, es un limeño orgulloso de su ciudad natal. Es un hombre de pocas palabras pero de un intenso mundo interior, lleno de grandes afectos y de muchísimos recuerdos.

RECUERDOS QUE SE REPITEN

Su entorno familiar es definitivamente el que marca sus costumbres a la hora de celebrar la Navidad. Recuerda con especial cariño esos días entrañables al lado de sus padres, sus abuelos y sus hermanos. En su corazón, cada uno ocupa siempre un lugar muy especial.

Desde su perspectiva de niño, para él la Navidad duraba muchísimo. Tanto, que la madre los ponía a dormir una siesta en la tarde de manera que pudieran gozar y disfrutar toda la noche. Y es que los cuatro hermanos (dos mujeres y dos hombres con muy poca diferencia de edad) siempre recibían muchos regalos de sus padres y se la pasaban retozando con los juguetes casi hasta el amanecer. "Entre mis hermanos y yo armábamos nuestra propia fiesta".

Sin embargo, de todos los obsequios que recibió en Navidad desde que era muy niño, el que más recuerda es su primer órgano electrónico profesional, con el que formó su primera banda; a partir de ahí, el resto es historia. "Fue la única vez que lloré en una Navidad". Pero bien valió la pena ese gesto de emoción pues eso le permitió unirse a Arturo Pomar, Pedro y Patricio Suárez Vértiz con los que fundó el grupo Arena Hash, posiblemente una de las bandas de rock más populares que ha existido en el Perú.

NAVIDAD EN FAMILIA

La Navidad en casa de los Meier es muy parecida a la de la mayoría de los peruanos: todos los hijos se reúnen en casa de sus padres, cada uno con sus esposos o esposas y sus respectivos hijos. Antes no faltaban los abuelos aunque ahora, de alguna manera, ellos siempre siguen estando presentes. La familia actual ha crecido. Hoy la adornan doce pequeños de la nueva generación. A estos chicos se les permite abrir los regalos a las nueve de la noche, así se les alarga el disfrute de esa noche, casi interminable, en la que prácticamente no duermen. A las diez se sirve la cena, hecha por su madre, como todos los años, la cual consiste en pavo asado, camotes acaramelados, un delicioso arroz con pasas y nueces y el infaltable choclo a la crema. Luego a las doce, después de la divertida sobremesa y de los brindis, les toca a los adultos abrir sus regalos.

Afortunadamente, tanto su madre como su esposa Marisol cocinan muy bien porque aunque Christian es un gran amante de la buena mesa, la cocina no es su fuerte. En realidad, no cocina nada, ni tan siquiera se sabe una receta para compartir.

Con una carrera internacional que lo lleva de una ciudad a otra, Christian ha tenido la oportunidad de conocer diferentes tradiciones y formas de conmemorar las fiestas navideñas. Por ejemplo, admira la forma en que en Colombia adornan la ciudad con tantas luces maravillosas que convierten el lugar en "un espectáculo digno de disfrutar". Sin embargo, él sigue fiel a las costumbres y tradiciones de su familia y no ha adoptado ninguna de las prácticas que ha tenido la oportunidad de compartir en otros países.

EL PAPEL DE PAPÁ

En su condición de padre, ahora Christian se encarga de organizar algunas de las actividades navideñas. Su propósito es crear, durante esos días, momentos especiales para compartir con sus tres hijos. Una de sus actividades favoritas es dejarle a Papá Noel, como llaman en Perú a Santa, un vaso de leche y un plato de galletas en la mesa del comedor, a modo de agradecimiento por los regalos que les lleva a tantos niños. Otra que también disfruta mucho es la de dejar las medias navideñas de los niños en la chimenea, las cuales se ocupa de llenar de golosinas el día 6 de enero.

Con su trabajo y su talento Christian ha conquistado el favor del público y ha cosechado innumerables éxitos a lo largo de su carrera como músico y actor. Sin embargo, cuando llegan las Navidades, el artista se retira y le da paso al niño que lleva dentro, ese niño que se asombra con las luces del árbol y comparte con sus hijos y su familia la magia inigualable de esos días. "Es el momento del año que más disfruto". Y es que con recuerdos tan hermosos y tan familiares no debe sorprendernos lo que Christian le pide siempre a Papá Noel: ¡Qué nunca se acaben las Navidades!

Christian Meier

Nació en Lima, Perú, el 23 de junio de 1970. Comenzó su carrera artística a los 17 años como parte del grupo Arena Hash, banda de rock muy popular en Perú. Después de 6 años se convirtió en solista con su primer disco No me Acuerdo Quien Fui. Este disco escrito, compuesto y producido por el alcanzó la categoría de doble platino. Se convirtió en un ídolo en España y ha sido nombrado muchas veces como uno de los hombres más sexy de la televisión. También fue solista de los discos Primero en Mojarme y Once Noches.

Esta dualidad de Christian como actor y cantante ha hecho que sea reconocido en países como Bolivia, Ecuador, Colombia, Argentina, Venezuela, México, Estados Unidos, España y otros países de Europa y Centroamérica. Christian continuó alternando su carrera musical con la actuación, protago-

nizando nuevas telenovelas entre las que se recuerdan: Luz María, Isabella, Lo que es el Amor, Amores... querer con alevosía, Luciana y Nicolás, Luna, La Heredera, La Tormenta y Zorro: la Espada y la Rosa. *Además de su trabajo como músico Christian ha participado en proyectos de cine; el primero en la película* No se lo Digas a Nadie *del director Francisco Lombardi, basada en la primera novela del famoso escritor peruano Jaime Bayly; en la película* Ciudad de M, *dirigida por Felipe Degregori, interpretando distintos personajes. Por otro lado ha participado en el rodaje de la película* Un Marciano llamado Deseo *de Antonio Fortunic y* La Mujer de mi Hermano, *también basada en una novela del escritor Jaime Bayly, la que le ha valido las mejores críticas a nivel internacional.*

PENÉLOPE MENCHACA

$\mathcal{P}$enélope Menchaca, conductora del divertido programa *12 Corazones*, es tal cual como uno la ve en la televisión: dinámica, ocurrente, elocuente, dicharachera y muy aventada. Tan es así que hace siete años agarró algunas pertenencias y a sus hijas, Yania y

Natalia, y vino a Estados Unidos dejando en México a toda su familia.

Eso lo hacen miles de personas todos los años en busca de nuevos horizontes, pero para Penélope, esta decisión fue muy difícil, ya que forma parte de una familia muy unida. Acostumbrada a grandes fiestas con muchos miembros de una gran familia (incluyendo a tíos, primos y abuelos), para Penélope era un cambio radical y doloroso no poder compartir cada ocasión en familia, todos juntos. Por eso, luego de trasladarse a Estados Unidos y a medida que se acercaba diciembre, la novedad de la nueva vida iba dando paso a la nostalgia y luego a la preocupación. "Me preguntaba qué iba a hacer yo sola aquí con mis dos niñas".

Así que en una especie de operación rescate, la familia comenzó los preparativos para trasladarse a Los Ángeles con la misión de acompañar a Penélope en la Navidad. La emoción no podía ser más grande pues cada vez crecía la lista de los voluntarios para venir a rescatar a Penélope de una posible depresión navideña. Fue tanta la euforia que no se percataron de un pequeño detalle: era su primer año aquí y vivía en un apartamento pequeño. Ellos eran nada más y nada menos que el hermano con su esposa, su hija y su hermana, su otra hermana, su esposo y una hija; la niñera, sus dos hijas, su mamá, su papá, sus tíos que vivían en Washington y ella. ¿Un hotel? Olvídelo, son mexicanos y para ellos eso no tiene sentido. "La verdad es que nosotros no podemos imaginarnos otra manera de pasar la temporada que no sea todos juntos. No es igual si vas a levantarte y no están en la misma casa". Así que no les quedó otra. Esa Navidad, quince personas pasaron prácticamente un mes viviendo en un apartamento con dos baños, dos recámaras y suficiente piso para dormir y sentarse a comer.

Con su sonrisa pícara y contagiosa recuerda que el alojamiento no era el único problema, aún quedaba otro pequeño detalle logístico por resolver: la cena. "No podemos imaginarnos la Navidad sin pavo, romerito, bacalao y ensalada pero... nosotros no somos buenos para esto de la cocina". El pavo no era mucho problema, a fin de cuentas se puede encontrar uno ya hecho en cualquier lugar sin correr grandes riesgos. Pero el bacalao, ¡ay!, el bacalo de la abuela no podía faltar. Al principio la abuela se ofreció para prepararlo y mandárselo, sólo que para eso sí que no encontraron voluntarios. Nadie se atrevía a pasar por inmigración con semejante equipaje prohibido. "Ya sería demasiado de nuestra parte pasar de contrabando el bacalao con tal de tener ese sentimiento navideño".

Entonces optaron por una alternativa mejor, la abuela seleccionó a la hermana menor, que es a quien mejor se le da lo de la cocina, y le enseñó, paso a paso, cómo se prepara el delicioso platillo mexicano. Porque esto del bacalao es todo un ritual. Se hierve durante seis horas, hay que dejarlo desde el día anterior en remojo "y quién sabe qué cosas más hace mi hermana, pero le queda buenísimo". De hecho, ese plato se ha convertido en un homenaje a la abuela que falleció hace tres años. Por suerte, en Los Ángeles descubrieron un supermercado mexicano donde venden el bacalao seco y el resto de los ingredientes. Lo que si han tenido que sacrificar en ocasiones son los romeritos porque es muy difícil de conseguir esa hierbita en Estados Unidos y ninguno es muy bueno para la cocina.

Desde esa ocasión, todos los años la familia completa pasa las Navidades en su casa. Pero la historia ha ido cambiando. Por ejemplo, para la segunda Navidad ya Penélope se había mudado y aunque todavía no tenía muebles, al menos había un par de mesas para comer. "Luego yo me cambié, compré casa y luego me busqué una casa que tuviera casita de visitas atrás. Y ha cambiado, en el sentido de que ya no tenemos que dormir en el piso, unos arriba de otros, como refugiados". Además su hermano también se fue a vivir a Los Ángeles y ya tienen otro apartamento para dividir a la gente.

RITOS TRADICIONALES AL ESTILO MENCHACA

Con los ojos entrecerrados, como reviviendo cada momento, recuerda cuando vivían en México y disfrutaban de todas las costumbres tradicionales, como la piñata y cantar las posadas con sus velitas, unos adentro y otros afuera, como reza la tradición. Pero ya estando aquí, viviendo en un apartamento, el sentido común les sugirió ni intentar tumbar la piñata. Ahora los villancicos se cantan adentro.

Pero algunas cosas nunca cambian, sólo que siempre les agregan el toque típico de la familia. Tienen su cena, tienen a Santa y tienen un intercambio de regalos que más bien se convierte en un espectáculo pues la entrega se hace en medio de porras y gritos, animando a que lo abran delante de todos. Luego lo tienen que modelar y tomarse la foto oficial con el obsequio. A ese paso, la actividad les toma fácil unas dos horas.

Pero quizás lo más divertido es que es un momento donde cada uno pone de manifiesto sus cualidades histriónicas pues en el fondo los regalos no son realmente sorpresas. "Yo siempre trato de regalar lo que la gente verdaderamente quiere... Es algo un poco ridículo, pero casi, casi, vamos juntos a comprar el regalo de todos. Entonces cada quien paga lo que la otra persona escoge, lo guardamos y ya. Luego hacemos cara de sorpresa a la hora que lo recibimos". En cuanto a los regalos para ella, Penélope siempre dice que no le gusta que le regalen, aunque admite que no es verdad. Por supuesto que los disfruta, pero es que le producen una situación incómoda que nunca ha sabido como manejar. Cuando le preguntan qué quiere no sabe qué decir, le da pena que se molesten por ella y dice que no le compren, que no necesita nada... ¿Quién se iba a imaginar que a Penélope algo así le diera vergüenza?".

UN AÑO NUEVO CON SABOR FAMILIAR

En Año Nuevo practican otra tradición familiar que se ha convertido también en una gran diversión. Cada uno de los miembros de la familia escribe en un papel lo que quiere para el año siguiente y qué se propone hacer. No se trata solamente de deseos como querer adelgazar y tal, sino también cosas de gran envergadura como casas y trabajos con un buen sueldo. Luego, esos papeles son guardados celosamente por Penélope en un sobre. Al año siguiente, cuando se vuelven a ver, ella le entrega a cada quien su sobre para hacer una revisión de los deseos que se cumplieron, las promesas que se mantuvieron y aquellas cosas que hicieron a pesar de que se propusieron no hacerlas más. Es una mezcla de lista de deseos con propósitos de

Año Nuevo. Pero lo mejor es que es una manera de recordar lo que ha sido de sus vidas durante ese año que pasó. Es una forma de hacer un recuento y ponerse al día con las experiencias de cada uno. También les sirve para analizar algunas situaciones como por ejemplo, por qué alguien lleva cuatro años seguidos prometiendo que va a dejar de fumar y no lo hace. Incluso, a veces ayuda a poner las cosas en perspectiva, porque si alguien piensa que algo no se le dio, analiza la situación en conjunto, se dan cuenta de que sí resultó algo positivo.

En el caso de Penélope, ella se siente bendecida porque todos los años se le cumplen los deseos y cree que sería una vergüenza de su parte quejarse. "De hecho mis hermanas a veces se enojan y me dicen: '¿Tú cómo le haces?' Y es que hay que ser específico a la hora de pedir. Y eso me lo enseñó una amiga mía hace muchos años". El asunto es que si no, uno corre el riesgo de obtener lo que pide pero no como lo deseas. "Decimos que queremos tener un novio pero no decimos cómo y por ahí igual llega el novio pero es un borracho o un infiel. Entonces no te llegó lo que querías porque no lo pediste cómo lo querías. Así pido yo las cosas. Si voy a pedir trabajo, pido uno que me guste, que me permita estar con mis hijas. Yo no digo, quiero tener trabajo todo el año, yo digo quiero tener un trabajo bien pagado, que yo lo sepa hacer bien, que no afecte mi vida familiar. Entonces yo no sé si ha sido suerte o en verdad funciona que una pida las cosas realmente como las quiere".

Desde que viven aquí, la única tradición norteamericana que han adoptado es la del Día de Acción de Gracias. A veces también celebran el 25 de diciembre, aunque el festejo principal sigue siendo la Nochebuena.

Otra tradición mexicana que siguen celebrando es el Día de Reyes. El 5 de enero llegan los Reyes, y al día siguiente, los niños vuelven a recibir sus regalos. Penélope aprovecha que su familia está casi siempre hasta el 9 de enero, para partir con ellos la rosca de Reyes y hasta designan a quién le toca hacer la fiesta en febrero, aunque ya para la fecha no estarán juntos. Al menos viven la ilusión de ver a quién le sale el muñequito.

A partir de esa fecha, todos comienzan a regresar a

sus casas, pero cada uno se queda esperando con ansias y mucha ilusión la próxima temporada cuando se puedan reunir de nuevo y pasar unos días deliciosos en el que andan todos juntos, celebrando la dicha de ser parte de una familia tan amorosa y singular. Quizás en ella radica la fuerza que hace de Penélope una triunfadora.

Penélope Menchaca

Penélope Menchaca, conductora del nuevo y exitoso programa nacional 12 Corazones, es una de las nuevas caras de la cadena Telemundo. Se dio, a conocer en el mercado de Los Ángeles gracias a la aceptación que alcanzó el programa, que previamente se emitía por el Canal 22.

Originaria de la Ciudad de México, Penélope fue animadora del mencionado programa en la ciudad de Los Ángeles por cuatro años, además de conducir segmentos de espectáculos y el tiempo en un noticiero local. Antes de venir a Estados Unidos, fue voz principal del conjunto Las Nenas en México, donde demostró sus dotes como bailarina y cantante; profesiones que domina gracias a varios años de estudios en la capital mexicana.

Su preparación como actriz le permitió desempeñar además papeles en varias películas, obras de teatro y telenovelas entre las que destaca: Siempre te Amaré, bajo la producción de Juan Osorio.

RECETA DE BACALAO DE LA ABUELA
DE PENÉLOPE MENCHACA

INGREDIENTES:

    1 libra de bacalao seco

    1 cebolla grande, finamente picada

    1 diente de ajo, finamente picado

    $\frac{1}{4}$ taza de aceite de oliva

    4 chiles anchos

    1 lata de chiles güeros

    1 $\frac{1}{2}$ libra de tomates, puré

    1 taza de perejil, picado

    1 taza de aceitunas, picadas

    $\frac{1}{2}$ taza de alcaparras

    $\frac{1}{4}$ taza de pasas, picadas

    $\frac{1}{2}$ taza de almendras blanqueadas, picadas

    1 $\frac{1}{2}$ libra de papas, peladas, cortadas en cuadritos

      y cocinadas

PROCEDIMIENTO:

Cubra el bacalao con agua y déjelo reposar en el refrigerador por 24 horas para que se hidrate. Cambie el agua de 2 a 3 veces. Con cuidado, ponga el bacalao en una olla grande y cúbralo con suficiente agua. Lleve a ebullición. Reduzca el fuego y deje hervir suavemente de 20 a 30 minutos.

Mezcle la cebolla y el ajo con una taza de agua. Caliente el aceite de oliva en una olla grande y añada la mezcla de cebolla y ajo. Cocine por 15 minutos aproximadamente hasta que la mezcla se ponga translucida. Reserve a un lado.

En una olla pequeña, hierva 1 taza de agua. Añada los chiles y hierva por 10 minutos. Retire los chiles del agua y licúelos. Agregue la mezcla de cebolla, el puré de tomate y 4 tazas de agua. Hierva la mezcla, reduzca el fuego y deje hervir suavemente por 3 horas aproximadamente. Si la mezcla empieza a resecarse, añada más agua, una taza a la vez. El resultado final debe semejarse a una salsa de tomate espesa.

Añada el bacalao desmenuzado y el perejil a la salsa y cocine por otros 15 minutos. Agregue las aceitunas, las alcaparras, las pasas, las almendras y las papas. Cocine por otros 10 minutos. Retire del fuego y deje reposar en el refrigerador por una noche.

PARA DECORAR:

Escurra los pimientos rojos y recórtelos en forma de pétalos de Nochebuena. Ponga las aceitunas como centro de la flor y los chiles güeros como si fueran las hojas. Sirva acompañado de una baguette o de galletas saladas.

El familión de Penélope celebra en grande.

AYLÍN MUJICA

Cuando uno recuerda a Aylín Mujica actuando en la telenovela *Marina*, haciendo el papel de Verónica, no quedan dudas de que esa mujer mala, maluca, de mirada seductora y andar sinuoso, es capaz de matar por un capricho. Pero detrás de esta excelente actuación, habita una mujer cálida, amorosa, reflexiva y muy humana, que es capaz de transformarse en una niña a quien la emoción no le cabe en el pecho, cuando habla de su familia, de sus mejores recuerdos y del momento en que descubrió la Navidad.

Hija de un capitán de la marina que viajaba constantemente, Aylín pasaba casi todas sus Navidades con sus abuelitos. Para ella, la Nochebuena nunca fue un gran acontecimiento. Era más bien una cena sencilla en la que nunca faltó el pavo, el arroz con frijoles o la yuca, pero definitivamente, no tenía un significado especial. Y es que Aylín pertenece a esa generación de cubanos que, por razones políticas, no estuvieron en contacto con la religión ni conocieron sus ritos ni conmemoraciones. No conocía a los Reyes Magos y mucho menos a Santa Claus, cuya imagen además se asocia con las costumbres norteamericanas. Eso fue hasta que el destino la unió con Alejandro, un mexicano que hoy en día es su esposo y quien la llevó a descubrir la magia de la Navidad en el más tradicional estilo del país azteca. "Con Alejandro entonces, empiezo a entender lo que era la Navidad en familia, la tradición". A partir de ese momento, para ella se ha convertido en una temporada para disfrutar la infancia que no tuvo oportunidad de vivir en Cuba.

Sin embargo, no siempre fue así. Hace catorce años, cuando llegó a México, pasó una de las Navidades más tristes de su vida. No es igual dejar de celebrar la Nochebuena donde nadie la celebra que estar sola rodeada de gente alegre. "Muchos amigos me invitaban a pasarla en sus casas, pero yo respetaba mucho eso porque para mí la Navidad era muy familiar". Eso fue durante los primeros tres o cuatro años, cuando su hijo Alejandrito no había nacido y su hijo Mauro estaba en Cuba porque no lo había podido traer. En esa época simplemente abría una botella de vino, compraba un pastel y pasaba la noche sola y triste viendo televisión y sintiendo una profunda nostalgia, a pesar de las atenciones de los amigos. "Gracias a Dios ahora tengo una familia".

UN NUEVO MILENIO EN FAMILIA

A través del amor descubrió la alegría de las fiestas y logró saborear lo mejor de las tradiciones navideñas; después de conocer el encanto de las posadas, el sabor de la gastronomía mexicana y sobre todo el valor el encuentro familiar, a Aylín se le metió entre ceja y ceja que ella tenía que compartir esa emoción. "Se me hizo algo fabuloso y quise invitar a toda mi familia cubana a pasar una Navidad en México". Así que fue organizando todo, preparando cada detalle hasta que se dio la oportunidad perfecta y fue la última Navidad del pasado milenio. Fue una reunión de gran significado porque logró unir a mucha gente que hacía tiempo no veía. Logró traer a su mamá, a su papá, a su hermano, a su tía y a sus primos, tanto de Cuba como de Polonia. Fueron unos días preciosos en los que hizo gala de sus dones de anfitriona recibiendo a más de cuarenta personas, miembros de su familia y la de su esposo. Preparó una cena cubano-mexicana como una forma de homenajear sus orígenes y también al país que la acogió y se convirtió en el hogar de su propia familia. Poder traer a su familia y hacer cosas tan sencillas como ofrecerles bacalao o romeritos darles a probar de los pequeños detalles que a ella la habían hecho tan feliz, cobraron especial importancia. Ver esa gran mesa ocupada por las personas que formaban parte de su vida fue simplemente hermoso.

Durante una semana, la casa de Aylín se convirtió en un gran hotel de fiesta permanente, donde nunca faltó la comida, ni la música, ni los cuentos, ni el llanto. Una semana maravillosa con las emociones a flor de piel y de asombro para sus hijos que no podían creer la cantidad de gente que formaba parte de su familia. Unas Navidades que Aylín nunca olvidará porque aunque ahora tiene su propio hogar y ha descubierto un mundo nuevo en su país adoptivo, siempre le queda la nostalgia, y la añoranza por su familia.

UNA OPORTUNIDAD
DE SER NIÑA DE NUEVO

De la mano de Alejandro, Aylín sintió que volvía a nacer; tuvo que aprender de nuevo y descubrir cosas hermosas. "Me tuvieron que explicar que Santa Claus bajaba por la chimenea y que los zapatos quedaban llenos de pasto porque los Reyes Magos habían llegado."

Fue un regreso total a la infancia, volver a vivir. Ahora,

todos los años se dedica a poner hermosa su casa, llena de Santa Claus por todas partes. Adorna cada rincón del jardín, la sala, las recámaras. "Una lucecita más y ya sería ridículo. Te juro que me encanta adornar todo". Además, tanto Mauro como Alejandro, los dos amores de su vida, reciben todo lo que le piden a Santa Claus, "si se portan bien, obviamente".

Además, Aylín siempre hace posadas y les compra la piñata típica de México, lleva a los niños a ver a Santa Claus y hasta se sienta ella también a pedir sus deseos. "Sí, igual que los niños. Por todos esos años que me lo perdí ahora lo disfruto al máximo". De hecho, sus hijos normalmente se acuestan temprano porque quieren que pase la noche rápido. Pero el 25, la primera en levantarse y correr al árbol para ver que trajo Santa, es ella. No puede perderse la emoción de verles las caras. Para hacerlo más emocionante, este año Santa Claus llegó a las 7 de la mañana a entregar los regalos, les puso música y comenzó la fiesta de nuevo.

Para la Nochebuena trata siempre de preparar una cena combinando lo mejor de las dos tierras para que a nadie le falte su porción de tradición. Prepara un pavo, que según ella, le queda espectacular, pues desde el día anterior le inyecta vino blanco y lo rellena a la cubana con picadillo, pasitas y moros con cristianos. Confiesa que su pavo es más rico al siguiente día. "Lo que más me gusta es el pavo recalentado y rebanado al otro día".

EL REGALO MÁS PRECIADO

Aylín se la pasa regalándole a todo el mundo, así sea un detallito, un chocolatito, pero nunca deja pasar por alto la Navidad. Le encanta dar para que la gente sepa que se acuerda de ellos. Aparte, cumple años en noviembre así que los meses de noviembre y diciembre son importantísimos para ella. Son meses familiares, de regalos, de alegría, de luces y focos de colores. Pero hay un regalo que le dio a su hijo Mauro que la hizo disfrutar doblemente. Mauro estaba loco por una moto de juguete, pero en vez de eso, se aparecieron con una cuatrimoto y le pusieron en el árbol las llaves de lo que sería su primer vehículo. Y ella disfrutó la emoción de ver a su hijo dar brincos y brincos de alegría por su cuatrimoto que era de verdad, con motor, aceite, gasolina y todo.

Pero de los regalos que le han dado a ella, sin duda el más importante fue uno que recibió hace seis años, un poco antes de la fecha esperada: el nacimiento de su segundo hijo Alejandrito, un 28 de noviembre. Pasar ese 24 de diciembre con un bebé de menos de un mes en brazos ha sido el mejor regalo que ha recibido de la vida y reafirmó en ella ese sentimiento de alegría y agradecimiento por su familia.

Además de actuar y bailar, Aylín canta, así que la música nunca puede faltar. Por eso desde el 1 de octubre, en su casa suenan todos los discos de Navidad. La disfruta en todos sus estilos, pero sin dudas sus villancicos favoritos son los clásicos *Jingle Bells* y *Blanca Navidad* así que lo más probable es que sin darse cuenta, mientras decora, cocina o envuelve regalos, pase el día tarareando "Navidad, Navidad, linda Navidad".

Pero el entusiasmo no termina ahí, el 31 de diciembre se da a la tarea de recopilar ritos para despedir el año viejo y recibir el nuevo. Hace de todo: lista de deseos, lista de todo lo que se propone a hacer en el año, se pone su calzón rojo para que no falte el amor, saca las maletas donde quiera que esté para que no falten los viajes, se pone todas las prendas que tenga, las saca a la luz de la luna... todos los ritos que hay por ahí rodando, los hace por si acaso. "A ver si es chicle y pega" dice con ojos sonrientes.

Aylín Mujica

Nació en La Habana, Cuba. Estudió en la Escuela Nacional de Ballet de Cuba, incursionó en el modelaje y también estudió actuación. Realizó un posgrado en ballet en 1994 en el Instituto Superior de Arte. Poco después realizó una especialización en actuación y tiempo más tarde llegó a México para participar en el taller de perfeccionamiento de actores en Televisa.

Aylín actuó en diversas obras de teatro en Cuba, realizó documentales como modelo y actriz y trabajó en cine. En 1990 trabajó en Cuba como actriz y bailarina para el largometraje La Bella del Alhambra, del director cubano Enrique Pineda Barnet.

En 1995 formó parte del talento de la agencia de modelos Set Models, donde participó en pasarelas y comerciales de televisión. En ese mismo año, Aylín incursionó en telenovelas con La Dueña, producción de Televisa, y en 1997 realizó una actuación especial en la serie juvenil Mi Generación, producida por Luis de Llano.

En 1998 la nueva etapa televisiva de Aylín Mujica comenzó en TV Azteca con la telenovela Señora. Un año después, formó parte en la obra de teatro Drácula, y además obtuvo el papel protagónico en la telenovela Yacaranday.

En 2005, se destaca como la presentadora de la campaña Top Models, además de participar en la telenovela Mi Amor Secreto, en 2006. Ese mismo año llega a Telemundo, en la novela Marina donde realizó el doble papel de las gemelas Laura y Verónica Saldívar.

CENA NAVIDEÑA DE AYLÍN MUJICA

Moros con cristianos

INGREDIENTES:

> 2 tazas de frijoles negros, cocinados en 4 tazas
>> de agua (reserve el agua donde se cocinaron)
>
> 4 tazas de arroz blanco
>
> $\frac{1}{4}$ taza de cerveza
>
> 1 hoja de laurel
>
> 1 pimiento verde, picado
>
> 1 cucharada de orégano seco
>
> 1 cucharadita de comino en polvo
>
> 1 cucharadita de sal

PROCEDIMIENTO:

En una olla mediana, ponga el arroz con el agua donde se cocinaron los frijoles, la cerveza y la hoja de laurel. Hierva y cubra hasta que el arroz esté cocinado, aproximadamente entre 7 a 10 minutos.

Mientras tanto, mezcle el pimentón, el orégano y el comino con los frijoles. Una vez que el arroz esté cocinado, añada la mezcla de los frijoles y la sal. Mezclar bien. Sirva caliente.

Pavo y Picadillo Cubano (relleno para el pavo)

INGREDIENTES:

PARA EL PAVO:

> *1 pavo de 12 a 15 libras, descongelado y limpio*
>
> *1 taza de vinagre*
>
> *$\frac{1}{2}$ taza de vino rojo*
>
> *$\frac{1}{2}$ taza de vino blanco*
>
> *2 cucharadas de mantequilla*

PARA EL PICADILLO (RELLENO):

> *2 cucharadas de aceite*
>
> *1 libra de carne molida*
>
> *1 cebolla grande, picada*
>
> *3 diente de ajo, picados finamente*
>
> *$\frac{1}{4}$ taza de vino blanco seco*
>
> *1 (6 onzas) lata de pasta de tomate*
>
> *1 taza de aceitunas rellenas de pimiento*
>
> *$\frac{1}{4}$ taza de pasas (opcional)*
>
> *Sal y pimienta*

PROCEDIMIENTO:

PARA EL PAVO:

En un tazón, mezcle el vinagre y los vinos. Con una jeringa para aves, inyecte la mezcla de vinagre en la carne del pavo. Esparza una cucharada de mantequilla en la cavidad del pavo y lo restante en la superficie de éste mismo. Reserve.

PARA EL PICADILLO(RELLENO):

En una sartén grande, caliente el aceite a fuego medio-alto. Agregue la carne, la cebolla y el ajo. Cocine hasta que la carne tome un color marrón. Añada el vino y la pasta de tomate y mezcle bien. Cocine de 2 a 3 minutos y luego agregue las aceitunas junto con las pasas. Condimente con sal y pimienta al gusto.

PARA HORNEAR:

Llene la cavidad del pavo con la mezcla del picadillo y cósalo utilizando un hilo de cocina suficientemente fuerte. Hornee hasta que la superficie esté dorada y la temperatura interna sea de 175 a 180 grados F en los muslos y 165 grados F en el medio de las pechugas.

MÓNICA NOGUERA

En la pantalla de Telemundo, se conoce como presentadora de elegantes programas de variedad. Su rostro y cálida personalidad invita a los televidentes a ver *¿Qué Hay de Nuevo?* dándoles la bienvenida a los Premios Billboard de la Música Latina, o revelándoles quienes son las 50 Bellezas según la revista *People en Español*. Mónica Noguera es mucho más que esa presentadora de mirada profunda y dulce sonrisa que nos cautiva en tantos especiales de televisión. Es también mujer, esposa, hija y hermana.

TODO EN FAMILIA

Cuando cuatro hermanas se convierten en el centro de la celebración de la Navidad es natural que la forma de percibirla, vivirla y festejarla cambie con el tiempo. Y eso es lo que sucede con Mónica. Para ella, la Navidad se disfruta plenamente cuando hay niños en casa.

Desde pequeñas, las hermanas Noguera recibían toda la atención y el amor de sus padres, sobre todo cuando llegaban las fiestas navideñas. Era época de regalos pero tambien de unión con la familia, los hermanos, y los primos. Era una gran cena, llegaba Santa Claus a la casa lleno de obsequios. Los padres de Mónica se dedicaban a alimentarles la ilusión de ese día, a estimularles esa capacidad de asombro, de impresionarse. Era un gran esfuerzo tomando en cuenta que se trataba de cuatro niñas, con lo exigentes que pueden ser a una edad en que no se conocen los límites. Pero sus padres siempre trataban que todo lo que estuviera en la carta de Santa apareciera ese día debajo del árbol.

Uno de los juguetes que más recuerda es el bebé que lloraba y que se le podía dar de comer. Asombrosamente, años después, sus sobrinas también le piden lo mismo. Mónica supone que se debe a que es algo que forma parte de la naturaleza, del instinto maternal, de ese amor y sentido de la responsabilidad con que nacen las niñas... y por supuesto, al bombardeo de la televisión. Aún se ríe recordando la época en que esa leyenda de la televisión mexicana que es Chabelo presentaba los juguetes de la temporada. "Si no tenías un regalo que Chabelo había promocionado, entonces no estabas feliz".

A Mónica le brillan sus hermosos ojos verdes cuando recuerda las Navidades de su infancia, cuando vivían en la colonia Roma, en la calle de Puebla. Llegaba Santa Claus con los regalos, algo increíble para un niño, y se ponía a repartirlos entre todos los sobrinos y las hermanas. "Yo creo que esos primeros años de tu vida, cuando tienes todavía esa ilusión, son los más importantes para recordar en cuanto a las Navidades". Recuerda las posadas que marcaban el inicio de las vacaciones, pero sobre todo, el amor y la dedicación de sus padres para con las cuatro princesas de la casa.

Como parte de ese deseo de complacer a sus hijas, la pareja siempre tenía que organizarse para asistir en un mismo día a cada una de las pastorelas donde participaban las hermanas. Para ellas era muy divertido y Mónica tuvo la oportunidad de representar desde el borrego hasta la Virgen María.

SIEMPRE EN MÉXICO Y EN FAMILIA

Las cosas cambiaron mucho a medida que las hermanas fueron creciendo y madurando y se fueron separando para formar sus propias familias. Durante mucho tiempo la casa de los padres fue el centro de reunión y, por lo general, sus padres albergaban a unas veinte personas para celebrar la Nochebuena. Pero luego, por razones personales y profesionales, una de las hermanas se fue a Puerto Escondido y otra a León y Mónica pasa gran parte del tiempo en Miami. En estos últimos cinco años ella se ha trasladado a Puerto Escondido, una de las playas más importantes de su juventud, para pasar la Navidad en ese ambiente marino, por lo menos con una de las hermanas. Ya no están todo el tiempo juntas pero ella nunca ha pasado esas fechas fuera de México ni lejos de su familia. "No, no, para mí la Navidad es una fecha muy importante para estar con la familia. Todo el año puedo estar con amigos, en cumpleaños, celebraciones, pero la Navidad es únicamente con la gente de mi sangre". Ellos son muy tranquilos en ese aspecto, después de la piñata y de la cena, una amplia sobremesa, los regalos de los niños y ya. Y es que todo el día de emoción contenida y de tensión esperando la hora de los regalos agota a los pequeños, por eso no se espera hasta altas horas para dar por terminado el festejo.

Como era de esperarse, ahora el centro de la celebración son los sobrinos: Sebastián, Ximena, Luciana, Natasha, Jorgito y Alejandro. Los regalos son para ellos, las piñatas son para ellos. Así como alguna vez sus padres se regocijaban con las caras de asombro de sus niñas, ahora es ella quien ve en la inocencia de sus adorados sobrinos la felicidad que encierra la Navidad. "Cualquier cosa que le des a un niño vale la pena para verles la cara, la reacción y la emoción del momento en que lo están descubriendo".

Mónica también le regala a su esposo, pero ninguno de los dos le da demasiada importancia al asunto. "En el cumpleaños a lo mejor la cosa es diferente pero en la Navidad, lo importante son los niños". Definitivamente, para Mónica la Navidad es sinónimo de infancia y aunque trata de sobreponerse, la nostalgia por su niñez, por el alboroto que compartía con sus hermanas, le produce una mezcla de sentimientos que le ensombrece la mirada a esta indiscutible belleza mexicana.

Mónica Noguera

Nació en la Ciudad de México un 27 de febrero. *Antes de ser modelo, actriz y conductora, Mónica estudió psicología en la Universidad Autónoma de México.* El destino la llevó por otros rumbos mientras estaba en la universidad y se convirtió en conductora de diversos programas como Las 50 bellezas de People en Español *en el 2005 y en el 2006, y de* Los premios Billboard de la Musica Latina, *también en el 2005 y en el 2006. Aparte de haber sido conductora de los programas mencionados, fue conductora y productora del programa* Top 25 *de la cadena Tele Hit en México. Después, trabajó en los programas* Espacio Alternativo, Top Ten, *y* Al Fin de Semana. *Laboró también en el programa* Despierta América *y tuvo una participación especial en* Big Brother VIP: México.

A pesar de todo ese magnífico trabajo, Mónica se

hizo popular gracias a sus entrevistas a grupos musicales y celebridades. En Telemundo, Mónica ha desarrollado una carrera muy destacada y actualmente es una figura estelar de la cadena. Fue presentadora de ¿Qué hay de nuevo? y actualmente presenta programas especiales de la cadena.

MAURICIO OCHMANN

Su rostro parece el de un niño pero en su mirada se aprecia de inmediato el vasto mundo interior de este actor de alto vuelo. A pesar de su juventud, Mauricio Ochmann ha tenido una carrera muy exitosa. Cuando tenía 16 años decidió dedicarse a la actuación y fue en busca de su destino, lo que lo ha llevado en más de una ocasión a viajar y vivir fuera de su país. Sin embargo, siempre se ha mantenido muy unido a su querido México y cada vez que regresa siente la misma emoción. Esta emoción se multiplica si se trata de la época navideña.

UNA NUEVA OPORTUNIDAD

Mauricio y su esposa, María José, como casi todas las parejas, se comparten y se turnan cada año para compartir la Navidad. Una vez le toca a su familia, otra vez a la de su esposa. Independientemente de eso, la casa de ambos siempre la decoran, especialmente desde que tiene a Lorenza, la niña de sus ojos y el motivo principal del festejo. Por eso han sustituido los adornos tradicionales por Winnie the Pooh, hadas, princesas y todos los personajes de Disney. Mauricio parece disfrutarlo muchísimo porque cuenta que les queda "padrísimo".

La Nochebuena para él es una celebración sencilla. La familia se sienta a cenar, a intercambiar regalos y a hacerse compañía. Y aunque no sabe cocinar, tiene la suerte de que todas las mujeres de su familia lo saben hacer muy bien. En casa de sus suegros, por demás, cuentan con el apoyo de una señora que cocina exquisito. De sólo describir la mesa navideña se le hace agua la boca y le da un antojo terrible. No es para menos: el bacalao, los romeritos, la ensalada navideña, el pavo, una deliciosa sopa navideña que prepara la mamá y el turrón. De todos esos platos los que más le gustan son el bacalao y el pavo. Confiesa que en realidad le gusta aún más el recalentado del día siguiente, las tortas (sándwiches) de bacalao y todos los derivados. Encuentra tan rico el recalentado que puede pasar una semana comiendo lo mismo. Le gusta mucho como le queda el pavo a su esposa y ni qué decir de la sopa navideña de su mamá.

Todos los años, después del festín, viene la hora de abrir los regalos que cada quien compró a la familia. Es un momento que considera mucho más lindo que el regalo material en sí mismo. Estar todos reunidos es suficiente para él, allí se encierra la diversión de la Navidad.

Aunque cree que todas las Navidades son sinónimo de diversión, a él le han tocado de todos los estilos: buenas, malas, no tan buenas, súper divertidas y una que otra que ha pasado por debajo de la mesa por razones de trabajo.

Mauricio no acostumbra a organizar posadas pero acepta invitaciones y hasta aprovecha para tumbar la piñata. Claro que nada como cuando era niño y su abuelita vivía. "Ahí sí se hacían posadas y se aventaban no sé cuántas posadas en su casa. Tendría yo unos cinco años y me tocaba hacer del niño del tambor en las posadas y cantábamos". Además, en su casa se iba "cocinando" la emoción de esperar a Santa Claus. Le preparaban un recibimiento con galletas y un vaso de leche. Al recordar esos tiempos no puede evitar la nostalgia. "Me acuerdo mucho de las Navidades con mi abuelita".

También evoca con emoción un año en que lograron reunirse todos los de la familia materna. Las cinco hermanas con sus hijos y algunas hasta con nietos. Toda una proeza para una familia tan grande y que el resto del año está dispersa, cada quien con sus compromisos. "¡Esa sí fue una Navidad divertida!" Mauricio la atesora como uno de los regalos más hermosos que ha recibido.

Mauricio es un hombre de detalles con su familia y con los de su entorno más allegado. De esos detalles recuerda uno que le regaló a su mamá cuando tenía 17 años. "Era algo que ella quería mucho y fue el primer regalo que pude comprar con mi dinero... cuando se lo di, no daba crédito. Todos mis ahorros se fueron allí. Lo que había logrado por primera vez. Fue muy emotivo, porque lloró y todo".

La Navidad para Mauricio es una celebración más bien espiritual, aunque no se considera un católico ortodoxo. "Cada quien lo lleva dentro y lo trabaja. Es más bien compartir, pero compartir el alma y hacerlo más en familia..."

Al llegar al último día del año, los Ochmann acostumbran a revisar a sus propósitos y deseos. "Recordamos lo que fue el año, si cada quien cumplió con lo que dijo que iba a hacer y agregamos cosas nuevas para el nuevo año. Es como hacer un inventario, un inventario a futuro de lo que uno desea". Esta tarea normalmente la hacen de forma individual pero luego a comentan entre sí durante la cena y la celebración del Año Nuevo.

LA LLEGADA DE LORENZA Y UNA SEGUNDA OPORTUNIDAD

El sentido de la Navidad va cambiando de acuerdo a cada una de las etapas de la vida. Es distinta la forma en que se disfruta cuando se es niño, cuando se es adolescente y cuando se es adulto. Para Mauricio la llegada de Lorenza hace tres años marcó el retorno de la magia de la Navidad. Ahora existe para que ella la disfrute. "Es como inculcarle parte de la cultura y los niños la ven como una fiesta dedicada a ellos. Hoy en día disfruto mucho más las Navidades viendo la felicidad de mi hija."

Por eso, para Mauricio fue tan importante superar un reto que se impuso y que lo mantuvo lejos de su hija y de su mujer por un tiempo. La Navidad de 2006 siempre la recordará como la más importante de su vida. Acababa de cerrar un ciclo, un proceso sumamente fuerte y difícil que lo llevó a revalorar toda su vida. Al verlas juntas y tener la posibilidad de compartir con ellas, recordó el verdadero valor de la Navidad. Ese es el mejor regalo que ha recibido hasta ahora. "Fue una etapa de mi vida de renacimiento, de reencontrarme y de revalorarlo todo. Para mí, fue preciosa esa Navidad", y en los ojos del artista aflora todo el amor que siente por su familia, la pasión por su carrera y la voluntad inquebrantable con la que piensa continuar siendo el mejor de los padres para su Lorenza.

Ese año su hija participó activamente en la decoración de la casa. "La niña está pasando por una etapa muy manual, le encanta pintar, pegar, recortar, ahora que está yendo a la escuela". Mauricio lo aprovechó para compartir con ella, para sentarse juntos a hacer cartitas, a decorar, a poner los animalitos del pesebre. También asistieron a reuniones de niños, le pusieron música navideña, vieron películas, le hablaron de Santa Claus.

Así como el Niño Dios llegó a la tierra para darnos a todos un mensaje de amor y enseñanzas de vida, Lorenza llegó a la vida de Mauricio para infundirle ánimos y darle una segunda oportunidad. Una oportunidad que este joven y talentoso artista está decidido a aprovechar al máximo.

Mauricio Ochmann

Mauricio Ochmann nació en Celaya, Guanajuato, el 16 de noviembre de 1977. A los 16 años decidió dedicarse a la actuación de forma profesional y se mudó a la Ciudad de México, donde trabajó en La otra cosa al lado del señor Héctor Suárez, por un lapso de dos años. Al finalizar este ciclo, viajó a Los Ángeles para prepararse y buscar nuevos horizontes. Allí estudió en el Joanne Baron Studio de Santa Mónica y al cabo de tres años de estar buscando oportunidades, llegó por fin un pequeño papel en Message in a Bottle, junto a Kevin Costner, Paul Newman y Robin Wright.

Al terminar este proyecto Mauricio decide regresar para protagonizar la telenovela Azul Tequila con Bárbara Mori y luego trabajó en Háblame de Amor (2000), otra producción de TV Azteca.

Al finalizar la misma, incursiona en el teatro con el papel principal de Equus. Esta obra colocó a Mauricio como uno de los actores más versátiles de México y lo hizo

acreedor de varios reconocimientos como el Actor Revelación en Teatro por la Asociación Nacional de Críticos de
Teatro. Después de 1.600 representaciones, regresa a Los
Ángeles pues lo esperaba el proyecto televisivo That's Life.
Al terminar este compromiso, Mauricio regresa nuevamente a México para protagonizar la telenovela Como
en el cine, con Lorena Rojas. Posteriormente formó parte
del elenco de la cinta Ladies Night y en el 2004 fue el
protagonista de Siete mujeres, un homosexual y Carlos
al lado de Adriana Fonseca, Rogelio Guerra, Luis Felipe
Tovar y Ninel Conde. En el 2005 participó en la obra de
suspenso Ver, oír y callar, donde compartió créditos nuevamente con Luis Felipe Tovar y con Paola Nuñez. Ese
mismo año obtiene el papel de Benjamín Braddock en el
montaje teatral de El graduado.

Finalmente, ingresa en Telemundo para trabajar
en Amarte así, en el papel de Ignacio. Posteriormente
Ochmann participó en la película Tres de Carlos
Valdivia y en la comedia Corazón marchito.

Después de la telenovela Marina, Mauricio participó
en la serie Decisiones, también de la cadena Telemundo.

SOPA NAVIDEÑA DE LA MAMÁ DE MAURICIO OCHMANN

INGREDIENTES:

> 1 cebolla grande
>
> 4 dientes de ajo
>
> 1 pimiento rojo, sin semillas, ni tallo, ni venas blancas
>
> 2 cucharadas de aceite de oliva
>
> 1 (10 onzas) caja de espinaca cortada
>
> 3 tazas de leche
>
> Sal y pimienta
>
> Perejil picado, para decorar

PROCEDIMIENTO:

Ponga la cebolla, el ajo y el pimiento en un procesador de alimentos y pique finamente. En una olla mediana, caliente el aceite de oliva a fuego medio-alto. Añada la mezcla de cebolla y cocine hasta que estén blandos los ingredientes, de 5 a 7 minutos. Elimine todo el exceso de agua de la espinaca y agréguela a la olla. Cocine por otros 5 minutos. Vierta la leche y lleve a ebullición. Retire del fuego, ponga sal y pimienta al gusto y sirva la sopa tibia. Si lo desea, decore con el perejil picado.

SUGERENCIA:

Si la sopa queda muy aguada, mezcle una cucharada de maicena con $\frac{1}{4}$ taza de agua en un recipiente pequeño. Vierta la mitad de esta mezcla en la sopa mientras esté hirviendo y revuelva.

Mauricio, con su hijita Lorenza.

DRA. ANA MARÍA POLO

La Dra. Ana María Polo o Anita, como la llaman sus amigos, nació triunfadora. Su tenacidad sin límites y su corazón de gigante eran las armas secretas con las que contaba para conquistar el mundo. A los 16 comenzó a trabajar. Con eso se pagó sus estudios de ciencias políticas en la Universidad Internacional de la Florida (FIU) y más adelante un doctorado en leyes en la Universidad de Miami.

Además de su pasión por la justicia, Ana María tenía otro gran anhelo: ser artista. Desde muy joven participó en innumerables obras de teatro, especialmente en musicales, cantó en corales y trabajó como modelo. Su mayor sueño era trabajar en la televisión. Su padre, sin embargo, le insistía en que debía estudiar y convertirse en una profesional. Lo que no sabía ninguno de los dos en esos tiempos, era que justamente su trabajo como abogada la llevaría finalmente a cumplir sus sueños.

Hoy la Dra. Ana María Polo se considera una mujer realizada. Ha logrado combinar sus dos grandes pasiones, las que cumple con la misma responsabilidad y entrega con la que enfrenta la vida. Su programa *Caso cerrado* goza de la preferencia del público. Ella estudia y se prepara con mucho rigor todos los días y cada vez que sale al aire hace gala de su gran talento como abogada, como artista y como excepcional ser humano.

TIEMPO DE CELEBRAR Y DE AGRADECER LA VIDA

Para la Dra. Polo la Navidad es una época de unión familiar, de amor y de caridad. Es el tiempo de compartir y aceptar más allá de errores y diferencias. Es el momento de poner en práctica la principal lección de Jesús: amar a tu prójimo como a ti mismo. También es la ocasión perfecta para hacer un recuento del tiempo vivido y agradecerle a Dios por su bondad y su amor infinito.

Además de meditar y evaluar el pasado y el futuro para vivir en un presente mejor, Ana María aprovecha esos días para celebrar, comer, bailar y divertirse. Después de todo, la alegría es la forma en que los latinos expresamos la pasión por la vida. "La Navidad para mí es un momento de reuniones con amigos, familiares y compañeros de trabajo".

Estar rodeada de familiares y amigos en la Navidad reviste gran importancia para alguien que ve en ellos el centro de su vida. Porque a pesar de que, como ella misma dice, nunca tuvo un padre que le pagara los estudios, ni una abuela que le dejara una fortuna, recibió de ellos la mejor de las herencias: amor, ejemplo, ánimos para seguir adelante y, sobre todo, un gran concepto de la familia.

De niña, Ana María se imaginaba a Santa Claus como un ser mágico y poderoso. La vida se encargó de convertir esa ilusión en realidad... Una víspera de Navidad, cuando tenía 12 años, descubrió a sus padres subiendo las escaleras en puntillas, silenciosamente, cargando una minimoto que pesaba muchísimo. "En ese momento comprendí donde radicaba la verdadera magia y el poder de Santa Claus: en el amor, el sentimiento más fuerte y maravilloso que existe. Le agradezco a mis padres, mis eternos Santa Claus, el haberme alimentado esa bella ilusión hasta los 12 años y el haberme seguido dando el mismo amor hasta el día de hoy".

RECUERDOS DE NAVIDAD

Ana María pasó su infancia en Puerto Rico. De aquellos tiempos conserva clavado en su corazón el sentido de celebración del puertorriqueño. Recuerda con emoción los famosos asaltos navideños, una hermosa tradición boricua que consiste en visitar durante la madrugada, y sin previo aviso, a una familia. Se les despierta al son de cantos navideños, acompañados de instrumentos de percusión o cuerdas (guitarra, cuatro, latas, palitos, güiros, panderos, etc.). Los asaltados deben levantarse, abrir la puerta y servir bebidas y platos típicos a los alborotados "asaltantes" y juntos compartir la inigualable alegría navideña.

También recuerda las cenas de su niñez junto a sus tíos, padres, primos, abuelas, amigos, vecinos y hermanos. En algún momento de la noche del 24 de diciembre, cuando todos estaban sentados a la mesa, su padre alzaba su copa, le daba gracias a Dios y cantaba: "Tómese una copa, una copa de vino, ya se la tomó, ya se la tomó, ahora le toca, le toca al vecino". y pasaba la copa al que estaba a su lado, quien debía repetir la misma operación. Los más pequeños se reían con picardía y tras simular tomarse el buchito de vino que se les había concedido como parte de la costumbre, lo escupían sigilosamente para que nadie lo notara. Esa es una tradición familiar muy peculiar que su padre heredó a su vez del suyo.

Desde entonces, Ana María conserva la costumbre de celebrar el nacimiento de Jesús siempre en familia. Por eso para ella la Navidad es dar gracias a Dios y celebrar la vida. También es mantener la ingenuidad infantil con la magia infalible del amor. Todas las Navidades celebra junto a sus hijos la bondad de Dios y la llegada de Jesús a la Tierra.

CUBA EN EL CORAZÓN

A pesar de haber salido de Cuba con apenas dos años y de haber pasado gran parte de su infancia y adolescencia en Puerto Rico, Ana María se siente absolutamente cubana. Eso se refleja en su mesa Navideña en la que no puede faltar un buen lechón asado, tostadito y crujiente, unos deliciosos y "cuajados" frijoles negros y una yuca "bien blandita y con bastante mojo". Y es que para Ana María comer es una de las necesidades humanas más placenteras, la que debemos respetar siempre con una buena sazón. Como le gusta la cocina, es la encargada de preparar el lechón y asarlo en la caja china. "La receta es un secreto que no voy a revelar tan fácilmente", confiesa riendo, con esa sonrisa de cubana franca que parece un arrullo de palmeras. "También me gusta fregar los trastos... cuando friego me siento con los pies bien puestos en la tierra. Es como un ejercicio de humildad y una forma de expresar mi respeto por aquellos seres humanos que realizan este tipo de labores".

EL MEJOR REGALO

Sin dejar nunca de considerarse una mujer muy afortunada, Ana María recuerda haber recibido muchos regalos maravillosos en su vida, desde bicicletas hasta guitarras y perritos. Sin embargo, en el año 2003 recibió una noticia inesperada que la marcó profundamente y cambió de golpe su forma de percibir las cosas. "En ese año me enfrenté al cáncer de mama y hasta el día de hoy lo estoy sobreviviendo. He comprendido lo frágil que es la vida". Ahora ella tiene algo más que agradecer: haber vencido la enfermedad y haber fortalecido su coraje, su voluntad y su fe. Desde entonces, Ana María está convencida de que los regalos más preciados son la salud y la vida.

Esa nueva perspectiva la hizo comprender que por más que le guste regalar, el hecho de escoger y comprar los regalos la obligaba a pasar mucho tiempo en las tiendas o sentada frente a la computadora, así que por consenso, su familia y amigos llegaron a la conclusión de que el mejor regalo que podían hacerse es justamente el tiempo que se dedican el uno al otro. Desde ese momento, ese es el presente navideño oficial de su familia.

Claro que ese tiempo también se lo regala a otras personas que lo necesitan. Participa en obras de caridad ayudando a niños y mujeres con cáncer. Por supuesto, este regalo no lo limita sólo a la temporada navideña pues considera que la vida no tiene sentido si no se practica la caridad a diario. Para ella, todos los días son buenos para ayudar a alguien.

También está convencida de que responsabilizarnos con nuestros actos y con las consecuencias de nuestras acciones es una forma de ayudar a los demás. "Cuando tenga millones voy a poner un hogar para los adolescentes incomprendidos que se marchan de su casa y andan descarriados por el mundo", afirma Ana María, quien siempre tiene a flor de piel un sentimiento de solidaridad o un gesto de apoyo que deja traslucir su gran sensibilidad. Su corazón no puede evitar conmoverse con los problemas de los demás, como tampoco puede dejar de comprometerse y ayudar a todos y cada uno de los seres que la rodean.

CADA AÑO ES UN CASO CERRADO

Cuando llega el 31 de diciembre, se prepara para despedir un ciclo que se cierra y esperar con los brazos abiertos una nueva oportunidad de ser feliz. Para ella el Año Nuevo es un homenaje a nuestro tiempo y a lo que hacemos con él.

Esa noche se divierte bailando y conversando con amigos pero cuando se acerca la medianoche, practica un curioso ritual: "A eso de las doce de la noche, nos reunimos todos a la orilla del mar, donde quemamos una prenda de ropa interior que representa al pasado y nos ponemos la nueva que escogimos, representando los buenos deseos para hoy y mañana".

En el 2007 Ana María tiene muy claro cual será su principal deseo. "Le voy a pedir a Dios que me deje seguir disfrutando de esta vida y que me ayude a corregir mis faltas y a comprender como puedo cumplir con mi obligación de SER UN BUEN SER HUMANO".

Sí, Ana María Polo tiene muchas cosas que celebrar: la vida, la magia del amor, la bendición de su familia y sus amigos, además de las tradiciones y la buena mesa y hasta su propio cumpleaños. "Sí, porque precisamente ese es el día que Dios escogió para que yo llegara a esta Tierra".

Ana María Polo

La Dra. Ana María Polo nació en La Habana, Cuba, el 11 de abril de 1959. Se dio a conocer a través de Sala de parejas, el programa corte de Telemundo que comenzó su transmisión el 2 de abril de 2001. A partir de enero de 2005 entró a una nueva etapa en Telemundo con Caso Cerrado con la Dra. Ana María Polo, un dinámico y renovado programa sobre la corte que se encarga de resolver no sólo los problemas de parejas, sino también las más escandalosas y asombrosas batallas legales que se presentan en una corte.

Galardonada con el premio Inte 2004, la Dra. Polo también ejerce su profesión como abogada en Miami, desde 1989, atendiendo casos de divorcio, adopciones, paternidades, custodia, manutención de menores y esposas, y casos de violencia doméstica.

Antes de iniciarse formalmente en la televisión,

participó como abogada experta en varios programas televisivos como el show de María Laria, El Show de Cristina y América en Vivo, entre otros. Al mismo tiempo formó parte de programas radiales como el de Ángel Martín de la estación CMQ de Miami y fue colaboradora para la revista electrónica Obsidiana.com.

La Dra. Polo emigró junto a sus padres a Miami, Florida. Luego se trasladaron a Puerto Rico, donde cursó la escuela primaria y secundaria. Fue allí donde tuvo la oportunidad de participar en varias obras musicales tales como Godspell y Showboat además de integrar el coro Jubilee que fue invitado por el Papa Paulo VI para cantar en la Basílica de San Pedro en la Ciudad del Vaticano, como parte de las celebraciones del Año Santo 1975.

CATHERINE SIACHOQUE
Y
MIGUEL VARONI

Catherine Siachoque y Miguel Varoni son una pareja poco usual en estos tiempos y menos usual en el ambiente artístico. El afamado actor, comediante y director, y la reconocida y temible "villana" de las telenovelas más exitosas de Telemundo no sólo llevan diez años de matrimonio sino que además son felices, se demuestran su amor constantemente y conservan tradiciones que la mayoría de la gente ha perdido. A pesar de ser dos estrellas que brillan con intensa luz propia, cuando están juntos son simplemente dos enamorados inseparables.

EN HONOR AL NIÑO DIOS

Tanto 'Cathy' como Miguel consideran que lo más importante de la Navidad es el Niño Dios y lo convierten en el centro de sus celebraciones, con toda la devoción y el respeto que se merece.

Catherine es definitivamente una gran actriz porque cuando uno la ve haciendo esos papeles de villana lo que menos puede imaginar es que en realidad es una mujer muy dulce, divertida y de hermosos sentimientos. Para ella la Navidad es una de las épocas más hermosas del año porque todo gira en torno al amor que viene de Dios y así lo expresa de todas las formas posibles.

Cathy llegó a Miami un primero de diciembre. Llegó angustiada porque no había podido preparar la Navidad en su casa de Colombia pues ya venían para acá y no tenía sentido dejarlo todo armado allá. Además, sus decoraciones navideñas no son un detallito por aquí o por allá. Lo de ella es con todo y por todo lo alto. Así que lo primero que hizo fue ir a comprar un árbol. Nunca había comprado un pino de verdad porque le daba angustia pensar en la tala de árboles que eso representaba, pero la convencieron de que son árboles expresamente cultivados para eso y que esos espacios los vuelven a reforestar, así que decidió probar por primera vez y se compró uno gigante. Quizás lo que menos la entusiasmaba era tener que comprar adornos nuevos porque ella tiene adornos desde que era chiquita, bien cuidados, protegidos y guardados en cajas marcadas. "Yo no creo en los árboles de moda. Este año voy a hacer un árbol de moños dorados o sólo estilo country. No, a mí me gustan los arbolitos como los de antes. A alguna gente le puede parecer 'corroncho', como decimos en mi país, pero esa es la tradición de mi familia". Así que compró lo indispensable y enseguida llamó a Colombia para que le mandaran con Miguel una primera tanda de adornos. Poco a poco los fue trayendo todos hasta que completó la colección.

Lo otro que es vital para ellos es el pesebre. Todavía conserva el mismo que los acompaña desde la primera Navidad que pasaron juntos. Obviamente, cada año le compran algo nuevo para completarlo porque ellos no montan solamente las figuritas principales sino el pueblo completo, a la antigua, con riachuelos, casitas, animales y todo, así como el de los de los abuelitos. Entonces la gente puede ir a su casa y pasarse una hora mirando cada escena: los muñequitos chiquitos, los corralitos con vacas. Cada año siempre hay algo distinto.

Otra tradición muy colombiana que no pueden dejar fuera es el de la Novena que empieza a hacerse el 16 de diciembre. Cada noche se hacen rezos que narran desde la Anunciación hasta que nace el Niño Jesús. Las oraciones incluyen cada uno de los episodios importantes que vivieron María y José y se cantan villancicos. "Una Novena sin villancicos no es Novena y una Navidad sin Novena, mucho menos. Eso es cualquier cosa", dice Catherine entre divertida y devota. El año pasado, el villancico favorito fue "El Burrito Sabanero" porque tenían la versión cantada por Miguel, la que hizo para el disco de Telemundo. Entonces Cathy siempre lo animaba:

"Canta 'El Burrito Sabanero,' por favor, 'El Burrito Sabanero'". Por supuesto, él la complacía.

No puede faltar la dulce tradición de las natillas y los buñuelos aunque con la diferencia de altura y humedad, Cathy, que es una experta en materia de buñuelos, ha confrontado algunos problemitas. "En Bogotá a mí me quedan que parecen balines, redondos perfectos. Tienen fama mis buñuelos, pero aquí me quedan un poco amorfos. Son buñuelos surrealistas, cada quien se imagina lo que quiere al verlos". Por el momento se consiguió un sitio donde venden unos muy buenos, pero eso es sólo mientras ella descifra el misterio de la levadura cuando estamos a nivel del mar.

En la cocina Varoni-Siachoque, ¿o debería ir al revés?, las tareas se reparten de la siguiente manera: Cathy cocina y Miguel come. Ella es la cocinera y él, el catador. Sin embargo, es una repartición que a ella no le molesta para nada; al contrario, le encanta cocinarle porque es muy buen comensal. Él disfruta la comida, le hace homenaje a las habilidades culinarias de su esposa y siempre la recompensa con un buen cumplido.

Como medida de protección, un mes antes de la Navidad, se ponen a dieta para estar flacos en el momento que empiezan las invitaciones. Según Cathy, a pesar de las precauciones, igual terminan gordísimos, aunque menos gordos de lo que hubieran quedado si no hubiesen tomado medidas.

Una de las cosas que más le gusta a Catherine es que en Estados Unidos la Navidad comienza antes, porque ya en noviembre, cuando llega el Día de Acción de Gracias, empieza a prepararse el espíritu navideño.

ELLA ES MI NAVIDAD

No hay duda que Miguel disfruta de la fiesta, los arreglos de la casa, las Novenas y la comida, pero cuando se le pregunta qué es lo que más le gusta de la Navidad, sin dudar un momento responde: "A mí me gusta sentir lo que ella (Catherine) siente con la Navidad. De alguna manera ella me acerca a la Navidad. Desde noviembre me empieza a acercar a las fiestas y a mí me gusta sentir esa sensación". Para Miguel es muy grato, porque en una época de su vida él perdió ese espíritu. No sabe muy bien por qué razón. Probablemente fue porque su primer matrimonio no resultó, la relación no era muy buena entre las familias y entonces, el espíritu navideño se opacó. Aún después de la separación seguía sintiendo un vacío en esa fecha. Era una época en la que se encontraban, se hacían regalos, pero no resultaba especial como lo había sido en su infancia o en su adolescencia.

Miguel recuerda con cariño las Navidades de su infancia y con asombro las de su adolescencia. Con asombro, porque todavía no puede creer que fueran tan irresponsables como para lanzar pólvora y con asombro de pensar que a pesar de todo no les haya pasado nada. Fue una época en Colombia en que eran permitidos los cohetes y fuegos artificiales y hasta había ferias donde la gente iba a comprar la pólvora y la guardaba en sus casas. "¡Qué irresponsabilidad espantosa!", dice Miguel, casi a punto de sufrir un infarto retrospectivo de sólo pensar en aquel peligro. Recuerda que compraban los llamados "Mariposa", que eran los más caros pero más seguros. "Yo quiero aclararte que yo nunca agarré un cohete. Los poníamos en una botella grande de un litro, le cortábamos un poco el palo. Nunca fui capaz de agarrar uno".

Miguel es el menor de cuatro hermanos y piensa que en nuestros países la Navidad es básicamente lo mismo: "Desde México hasta la Argentina las Navidades son fiestas muy de familia. En mi caso, toda la familia junta, compartiendo la comida y la pólvora, todo eso... ¡Qué irresponsabilidad! La pólvora a mí me fascina verla cuando la sacan estos señores de Disney, que son unos especialistas y llevan toda la vida estudiando la vaina, pero cuando uno se pone a pensar quien cogía eso...".

De su infancia recuerda cuando su abuelita vivía y se hacían grandes comidas. Había natilla de la blanca con mora. Comían y la pasaban en casa. Por supuesto, siempre le pedía regalos al Niño Dios.

Cathy ha celebrado la Navidad siempre de la misma manera. Proviene de una familia muy unida. Es la única mujer de los cuatro hermanos y sus padres llevan casados toda la vida. Están juntos desde que hicieron la Primera Comunión: "Siempre íbamos a la casa de mi abuelita paterna y celebrábamos la Navidad allá, con mucha comida y todos los primos, toda la familia. Siempre rezábamos la Novena. Para mí es muy importante y creo que es una de las cosas que más me gusta de la Navidad, que une a la gente, hace que las personas que tienen dificultad para expresar el amor que sienten por los demás tengan la libertad y el espacio adecuado para exteriorizarlo un poquito. Es un buen pretexto para reunir a toda la familia y decirles cuánto los quiero, lo importante que ellos son para mí... Es una época para acercarse. Nosotros somos muy cercanos a Dios, cada día se lo dedicamos al Señor, pero en la Navidad y el Año Nuevo como que uno se lo dedica en conjunto con la familia y le da las gracias por todas las bendiciones".

YO SÓLO CREO EN DIOS

Cathy y Miguel no son personas de ritos especiales para los días de Navidad y Año Nuevo, su único rito es rezar y eso lo hacen aunque sea en un avión, aunque sea a distancia. Comienzan a hacerlo antes de la Navidad, con la Novena de aguinaldos.

"Inclusive si ella está en Bogotá y yo tengo que estar acá o tenemos que separarnos, nos llevamos un pesebre portátil". Y es que tienen uno chiquito en una lata como de galletas. "Lo hemos rezado por teléfono. En el año 2005 ya estaba acá y Miguel todavía no venía y entonces lo poníamos y cantábamos por teléfono", recuerda Catherine.

Los demás ritos puede que los hagan para acompañar a la gente que sí cree en ellos. Por ejemplo, a modo de diversión se comen las doce uvas pero para ellos lo importante es rezar. Según Miguel, el asunto es que él no cree en nada ni en nadie. En lo único que él cree es en Dios. Para ellos la Navidad tiene un gran significado en cuanto a su vida como pareja, pero también tiene un significado religioso y espiritual muy fuerte. Y cada vez han logrado integrar más a la familia.

En los últimos años la pareja ha decidido dedicarle un espacio especial a la mamá de Miguel (la actriz Teresa Gutiérrez) que es ya una mujer mayor. La han separado un poco de la familia para llevarla de paseo. "Por ejemplo, salimos el 21 de diciembre y nos la llevamos a Nueva York. Nos vamos los tres. Ahora que estamos aquí en Miami y estamos estableciéndonos un poco en este país, entonces la hemos pasado aquí. El primer año celebramos la Navidad acá, porque estábamos recién llegados y este año también lo recibimos acá. Para el próximo año algún paseo organizaremos".

Normalmente los Varoni-Siachoque tratan de pasar la Navidad en la casa y el 31 de diciembre salen de viaje. No obstante les gusta atender a sus seres queridos en casa y cenar en familia. Por ejemplo, en el 2006 hicieron dos cenas muy especiales: el Día de Acción de Gracias al estilo americano y la de Navidad a su propio estilo.

Han adoptado la tradición del Día de Acción de Gracias. Miguel explica que él se siente muy contento aquí, que le encanta este país. "Yo siento que cada quien dice cómo le va en la fiesta, pero a mí la fiesta aquí me ha ido muy bien. Es un país en el que nos sentimos muy cómodos y Miami es una ciudad que nos gusta mucho. Entonces sentimos que es un homenaje hacer el Día de Acción de Gracias al estilo americano".

También se siente orgulloso de cómo le quedó a Cathy su primer pavo, el puré, la torta de maíz, el *gravy* (la salsa). En fin, fue una cena memorable, a pesar de los nervios de Cathy porque era la primera vez que preparaba esos platillos. Los convidados fueron unos amigos que viven aquí y a los que invitaron para que los acompañaran a comer. Cuenta Miguel: "Cathy tenía la receta para un pavo, no para un cuarto de pavo. Además, tenía que estar completo sobre la mesa como dicta la tradición. Hizo un pavo entero y de paso, también preparó el relleno y la torta de maíz y todo lo demás. A pesar de la compañía sobró comida y estuvimos comiendo pavo por unos cuantos días".

En cuanto a la cena de Nochebuena, normalmente les gusta variar el menú y el año pasado decidieron volver a homenajear a Estados Unidos. Esta vez le agregaron algunos toques colombianos como la natilla y los buñuelos. Cathy preparó jamón, *roast beef* y el puré de maíz que tanto le gusta a Miguel, aunque nunca se acuerda cómo se llama. Pero en todo caso, lo que más les gusta es variar. A veces prepara ajiaco santafereño, esa deliciosa sopa bogotana.

Para este año, ya Cathy empezó a pensar en lo que va a cocinar. "Este año tengo ganas de hacer una Navidad tipo costeña. Porque uno no tiene que hacer todo el tiempo lo mismo. Tiene que ser una cena especial. Uno tiene que decorar la mesa, ponerla linda... Entre el posible menú está una posta negra, que es una carne costeña, con arroz con coco, un cevichito o una cazuela de mariscos". Miguel la mira atontado, con la boca abierta y hecha agua.

EL MEJOR REGALO ES DAR

A Miguel lo emociona más la reacción de la persona cuando le da un regalo que el regalo en sí. Entre ambos buscaron en la memoria el regalo que más les gustó dar. El consenso fue el viaje a Orlando que le regalaron a la mamá de Miguel, que además resultó ser la mejor Navidad que ellos han pasado.

En esa época Miguel estaba trabajando demasiado. Era el año 1997 y estaba dirigiendo una novela. Acababa de terminar Las Juanas. Estaba involucrado en otra novela que tenía que salir rápido porque se estaba estrenando en esos días y quería llevar a su mamá a Orlando porque no conocía Disney. Sin embargo, llegó un momento en que tuvieron que darse por vencidos y olvidar los planes porque parecía imposible terminar todo a tiempo. Ya había cancelado todos los preparativos y las reservaciones, y le había avisado a doña Teresa que el viaje no iba a ser posible, cuando Miguel se rebeló: "No, yo estoy harto, yo necesito unas vacaciones aunque sea de siete o diez días". Así que se sentó a negociar y lo logró. Pero ya era el 22 de diciembre y no es fácil volver a reservar en una fecha como esa desde Colombia.

Entonces le tocó a Catherine hacer magia y acrobacias hasta que aparecieron los pasajes y las reservaciones de hotel. Por otro lado, ya le habían dicho a doña Teresa que el viaje estaba cancelado, así que Cathy le preparó una serie de regalitos que al principio parecían un chiste pero luego fue aumentando el suspenso. "Primero le dimos un avioncito con una nota que decía 'No te pudimos montar en avión, pero no te puedes quejar porque al menos te regalamos uno.' Y ella emocionada, de lo más divina. Después le dimos otro regalo, una libreta de Mickey que decía: 'No te pudimos llevar a conocer a Mickey pero te lo trajimos aunque sea en una libretita.' Y a así le íbamos dejando pistas, hasta que el último regalo decía: 'Favor presentarse en el aeropuerto a las siete de la mañana'. Al otro día nos íbamos". Esa Navidad, a juicio de los dos, fue inolvidable. Al recordar el tiempo que han compartido y las

Navidades que han pasados juntos, a Cathy y a Miguel se les iluminan los ojos y no les queda otra que dar gracias a Dios y desear que todas sigan siendo así de especiales.

LOS REGALOS DEL NIÑO DIOS

Miguel y Catherine suelen regalarle algún presente a sus familiares, amigos más cercanos y compañeros de trabajo. Sin embargo, también hay una fundación a la que no sólo apoyan financieramente sino que le regalan parte de su tiempo. Se trata de una fundación manejada por un amigo de ellos, el Dr. Alan González, que ayuda a niños de una zona muy deprimida de Bogotá para que no abandonen los estudios.

No son niños que no tienen casa, muchos tienen familia pero no tienen qué comer y no los pueden mandar a un colegio. Estos niños pasan toda la semana en estas casas pero con el compromiso de que tienen que estudiar. La fundación les paga el colegio, los uniformes, las comidas. Si tienen problemas con matemáticas les ponen un tutor privado. Si los fines de semana los padres tienen que trabajar, los niños se quedan allí. Los cuidan pero mantienen el vínculo con sus padres.

Con el corazón a flor de piel, Miguel y Catherine cuentan que es una fundación que está muy bien concebida porque no separan a los niños de sus familias, sin embargo les dan lo que necesitan y los enseñan. La mayoría pertenecen a un barrio que se llama Ciudad Bolívar. Un barrio donde viven millones de personas. Hay que negociar con los papás porque a muchos de esos niños los padres los ponen a pedir limosna en un semáforo. Hay que convencerlos y también convencer al niño porque a veces ellos prefieren ir al semáforo y así les entra plata sin tener que estudiar. Son niños de 6 y 7 años. Es un problema social muy complejo, pero que de alguna forma se puede atender. Miguel y Cathy fueron a conocer la fundación, vieron el trabajo que realiza, se encariñaron con los niños y decidieron comenzar a promoverla. Desde entonces están siempre pendientes, les mandan algún apoyo y cuando pueden, los visitan. En fin de cuentas, dicen ambos con mucho entusiasmo, cuando se trata de dar, y mucho más a los niños, cualquier día es Navidad.

Esta pareja es especial. Cuando están cerca el uno al otro, el aire se llena de electricidad y cuando se alejan dejan flotando en el ambiente no sólo su tremenda personalidad y su talento de talla mayor, sino también la calidez de sus dos corazones enormes, capaces de latir al unísono con la misma ternura.

Miguel Varoni

Actor, director y productor colombiano-argentino. Se dio a conocer en América Latina con el papel de Manuel F, en la novela Las Juanas *y más tarde se afianzó como* Pedro, el Escamoso.

Ha actuado en innumerables novelas como Te Voy a Enseñar a Querer, Como Pedro por su Casa, Pedro el Escamoso, La Caponera, La Sombra del Arcoiris, Te Dejaré de Amar, La Potra Zaina, El Ángel de Piedra y Gallito Ramírez, *entre otras. Más recientemente, protagonizó el seriado de Telemundo,* Seguro y Urgente.

Como director, figura en las telenovelas Carolina Barrantes, Eternamente Manuela, Momposina, Ellas y No juegues con mi Vida. *Recientemente dirigió capítulos del exitoso seriado* Decisiones *en Telemundo. Ha recibido innumerables reconocimientos internacionales en cada una de sus facetas.*

Catherine Siachoque

Actriz y bailarina colombiana, en América Latina se dio a conocer por su papel de Juana Caridad en Las Juanas y recientemente se ha ganado el aplauso del público por su trabajo en Te voy a Enseñar a Querer.

Ha actuado también en las novelas La Venganza, Amantes del Desierto, La Guerra de las Rosas, La Sombra del Arcoiris, Tan Cerca y tan Lejos, La Sombra del Deseo, Hechizo, Higuita: Sangre, Sudor y Lágrimas y Sobreviviré.

Ha sido presentadora de diversos eventos como los Premios Billboard y el Reinado Nacional del Bambuco. Fue solista de la Compañía Colombiana de Ballet desde 1987 hasta 1992 y ha recibido numerosos premios internacionales a lo largo de su destacada carrera artística.

ARROZ CON COCO DE CATHERINE SIACHOQUE
Y MIGUEL VARONI

INGREDIENTES:

10 cucharadas de azúcar

4 cucharadas de sal

1 taza de uvas pasas

1 coco

1 libra de arroz blanco

PROCEDIMIENTO:

Rallar el coco y echarle 2 tazas de agua caliente. Pasar esta mezcla por el colador para sacar la "primera leche del coco". Esta leche se pone a hervir hasta que se vuelve en un aceite transparente y en el fondo de la olla aparece una parte oscura, (a la que llamamos en Colombia "titote"), se agrega azúcar y se cocina hasta que se vuelve dorado. Luego se añaden otras 2 tazas de leche de coco (que se obtienen de echarle agua caliente a lo que quedó del coco en la coladera) y las uvas pasas. Esta mezcla se deja hervir 20 minutos. Se le agrega sal y finalmente el arroz. Se revuelve y se sigue el proceso de un arroz normal. Debe de tener en cuenta que el arroz con azúcar tardará un poco más en cocinar que el arroz normal.

En Colombia lo comemos con pavo relleno, pernil al horno, cazuela de mariscos o con posta negra y un buen vino tinto.

Miguel y Cathy celebran el Año Nuevo con Doña Teresa Gutiérrez, la mamá de Miguel, y con Sebastián Siachoque, hermano de Cathy.

NATALIA STREIGNARD

Su cuerpo escultural y el profesionalismo que destila en todo lo que hace pareciera esfumarse cuando la bella Natalia Streignard entorna los ojos y recuerda sus Navidades en familia. Y es que en diciembre la casa de Juana Mercedes y Jacques Streignard se convierte en algo parecido a un crucero: lleno de gente de diferentes nacionalidades, comiendo y bebiendo a todas horas y haciendo de cualquier actividad un acontecimiento.

LA DICHA DE TENER UNA FAMILIA ESPECIAL

Lo que sucede es que es una familia muy singular: un padre alemán, una madre argentina y cinco hijos nacidos entre Argentina y España, pero criados en Venezuela. Para colmo, un yerno y un nieto italiano, otro yerno de ascendencia árabe y el resto de los nietos venezolanos.

Es comprensible entonces que Natalia, esté donde esté, apenas comienza a sentir la inconfundible llegada de diciembre, empieza a preparar sus maletas para volar a casa de mamá. "Yo tengo la dicha de tener una familia hermosa, que todos están con vida y con salud y eso es algo que yo le agradezco muchísimo a Dios".

Los preparativos comienzan bien temprano, si es posible, a mediados de noviembre, cuando empiezan a montar la decoración. Es una tarea que hacen entre todos porque es un trabajo muy pesado para la mamá. Les gusta que todo esté listo el 1 de diciembre y dejarlo por lo menos hasta el Día de Reyes. Colocan centros de mesa, velas, cuelgan adornos del techo, montan el árbol, mucho verde, rojo y blanco, que son colores bien navideños y por supuesto el pesebre. Esa tarea por lo general es de Natalia y su mamá. Lo hacen sencillito, pero tiene un valor sentimental muy grande pues lo trajeron de España y lo tienen desde que ella nació. Hay piecitas que se han roto y están pegadas, no está completo, pero ya es parte de la familia. "No importa que esté rotito, pero está ahí con nosotros".

El 21 de diciembre celebran, cada año y por tradición, el Espíritu de la Navidad en casa de su tía, y luego la Navidad en casa de su mamá. Y el 31 de diciembre también, porque su papá cumple años el 1 de enero. Entonces siempre celebran de una vez el fin de año y el cumpleaños del papá.

Para el Espíritu de la Navidad escriben en un papelito las cosas buenas que desean para el año siguiente y queman las del año anterior. Luego colocan las cenizas en un bolsito y ese bolsito lo meten dentro de un globo relleno de helio y lo sueltan para que se eleve hacia el cielo y se lleve todo lo del año viejo y le dé paso a los deseos del año que está por empezar. Es un rito con producción y todo. Se ponen dos globos, uno por cada familia y una bombona de helio. Aunque su papá no hace la carta, porque lo hombres son un poco duros para esas cosas, su mamá, la tía, las hermanas, los niños y ella sí la hacen. La carta nueva la guardan para quemarla el año siguiente y que el viento se lleve las cosas que no se cumplieron. En este ritual combinan la costumbre venezolana del Espíritu de la Navidad con los globos de la Navidad argentina.

Pero las mezclas de tradiciones no se quedan ahí, trascienden al departamento gastronómico. Ella es vegetariana, al contario del resto de la familia. Entonces la mesa incluye una pierna de cerdo, a veces un pavo, se hace ensalada de papa, una ensalada César, champiñones, la mermelada para el cerdo y de postre preparan tres leches y torta de queso. También preparan hallacas y pan de jamón pero los sirven como aperitivos, lo cual habla del buen apetito de la familia. En otras casas, esas delicias constituyen el plato principal.

Casi todos los años se prepara el mismo menú. Es típico para su familia aunque no es típicamente venezolano. De beber, los Streignard prefieren la cidra, una tradición que les viene de Argentina. "Nos encanta porque es un vinito espumante suavecito que no contiene mucho alcohol y uno puede tomar más o menos bastante, sin pasarse de copas ni sentirse mal".

La cocina también es tarea de todos. A Natalia le encanta cocinar para muchos comensales. Cada vez que intenta cocinar para una o dos personas la comida le queda horrible. Así que las Navidades son una oportunidad perfecta para preparar sus abundantes recetas. Natalia se encarga de los aperitivos, las salsas, las ensaladas y el pan de queso, que es su propia versión vegetariana del típico pan de jamón venezolano. A su mamá, por su parte, le tocan los platos fuertes como el cochino o el pavo y los postres, que según Natalia, le quedan espectaculares.

A pesar de ser la menor de cinco hermanos Natalia no es la niña consentida sino la consentidora. Le encanta atender y consentir a sus padres y sus hermanos y así, mientras cocinan, ella les va sirviendo las primeras copitas de cidra para comenzar la celebración. De esa manera, lo que podría ser un trabajo pesado de todo el día se convierte en algo muy divertido. "Se va probando por aquí y por allá, se toma una copita, se ponen villancicos y todo el día es una fiesta". Luego comienza el arreglo personal y de nuevo es Natalia quien atiende a su madre y sus hermanas. Con todos lo aprendido durante su época de Miss Venezuela y los años de actriz y modelo, se encarga del arreglo de las mujeres de la familia. Les seca el cabello, las maquilla. "Ellas vienen para que les dé una manita de gato y las ponga más lindas de lo que son".

La cena de Nochebuena comienza alrededor de las ocho y entre villancicos viejos españoles y gaitas venezolanas, se da inicio a la siguiente parte de la celebración. Como todos viven en diferentes lugares, necesitan tiempo para ponerse al día y echarse los cuentos. Se muestran las fotos, juegan con los niños y admiran la forma como crecen de un año a otro. Entonces van comiendo pan de jamón o de queso y hallacas. "Todo eso lo ponemos como un tentempié hasta que llega la cena". A eso de las once es que sirven la cena y terminan apenas a tiempo para hacer el brindis de medianoche por el nacimiento de Jesús y justo antes de que los niños salgan corriendo a abrir los regalitos debajo del árbol.

DETALLES DEL CORAZÓN

Siempre hay muchos regalitos debajo del arbolito. Y es que desde principios de diciembre van colocando todo lo que compran con sus respectivos letreritos que dicen de quién y para quién. Esos son los que se reparten a las 12, pero después, sin que los niños los vean, aparecen los que trae el Niño Jesús. También acostumbran a recibir regalos el Día de Reyes, pero esos no son más que un detallito. "Es bien bonito, porque están los sobrinos y algunos primitos; entonces hay uno o dos regalitos para cada uno y se ve el árbol bien lleno".

A Natalia le encanta regalar y que le regalen. "Me encanta ver el arbolito lleno de cositas. No tanto que sean regalos ostentosos porque somos muchos, entonces no se puede". Sin embargo, se da a la tarea de pensar qué le puede gustar a cada quien, aunque sea un detalle, pero que sea algo bien pensado. No es de las que ven un portarretrato y lo compran para cualquiera, sino que piensa en algo que transmita sentimiento. Natalia se parte la cabeza escogiendo sus regalos pero le da ilusión ver la reacción de la gente, la carita de los niños cuando reciben algo que ellos quieren. Especialmente le gusta complacer a su mamá y a su papá porque considera que ellos todo el tiempo están pendientes de sus hijos y sus nietos y terminan olvidándose de ellos mismos. "Es chévere poder entregarles a ellos un poco de lo que ellos nos dan a nosotros. Me parece una época de entrega por parte de todos; de compartir, una época súper alegre".

Por ese sentimiento que va implícito en los regalos, Natalia considera que uno de los más lindos que ha recibido fue un semanario (juego de siete pulseras) que le regaló su mamá hace como dos años. Natalia lo había visto y siempre lo quiso y a pesar de que se ha dado los gustos que ha querido, por alguna extraña razón nunca se lo compró. Un día que su mamá estaba en Miami lo compró y lo guardó durante cinco meses, hasta que llegó diciembre y se lo dio como regalo de Navidad. La sola idea de que su mamá hubiese recordado algo que alguna vez comentó con ella y que hubiese guardado la sorpresa para el momento adecuado, casi le saca lágrimas de emoción.

Para la familia Streignard la Navidad es una excusa para

estar todos juntos, hacer un alto en el trabajo, relajarse y compartir. Por eso se quedan todos en la casa de la mamá, aunque eso signifique estar un poco apretaditos en ese especie de crucero internacional. De esa manera pueden disfrutar del 25 de diciembre y continuar con la celebración. Esta vez el banquete es de sobras recalentadas que, según Natalia, tienen un gusto muy especial.

El 31 continúa con el maratón festivo. Ese día, en vez de intercambiarse regalos, se comen las doce uvas. Además, como cábala, Natalia y su hermana acostumbran a recibir el Año Nuevo con un cheque debajo de los zapatos, con la cantidad que quieren ganar ese año. Un detalle importante es asegurarse de que el cheque sea en dólares porque aunque estén en Venezuela, nadie quiere correr el riesgo de que su sueño se vea devaluado de la noche a la mañana. Lo que dejó de hacer hace tiempo fue salir con la maleta porque con el trabajo, los viajes están más que garantizados.

Ha pasado navidades fuera de Venezuela por sus compromisos de trabajo. Cuando ha tenido que escoger entre tener libre la Navidad o el Año Nuevo se ha decidido por este último para poder pasar el cumpleaños con su papá.

"Me ha tocado alguno que otro 24 alejada y no me gusta. Es muy triste". Pasar las fiestas con la familia es algo que no cambia ni por un crucero VIP con todos los gastos pagos pues eso no es lo que la hace feliz. "Yo creo que tengo tanta suerte. Me considero muy afortunada de tener a mi papá y a mi mamá felices y juntos, hoy en día que la gente se divorcia, que las familias están separadas. Yo tengo esa dicha y tengo que aprovecharla".

Entre los diciembres más divertidos recuerda el año que a alguien se le ocurrió comprar unos cotillones con pelucas, sombreros, papelillos, pitos y una maquinita de hacer burbujas de jabón. Hasta el padre tuvo que ponerse la peluca y entrar en la locura de esa mezcla de Navidad con carnaval. La segunda parte de la diversión vino después cuando se dieron cuenta del desastre que habían hecho con las burbujas de jabón. Pasaron tres días echando agua para sacar la película resbalosa que se había formado en el piso.

Quizás la Navidad más triste que pasó fue la de 1999, cuando ocurrió la tragedia de Vargas, en la costa norte de Venezuela. Natalia había venido a Miami con su mamá a hacer un trabajo. En ese momento estaba casada pero Mario (Cimarro) no la pudo acompañar, entonces vino su madre. Se suponía que su mamá regresaba a Venezuela y ella a México, donde estaba grabando una novela y se encontrarían luego en Caracas para el Año Nuevo. Ambas volaban el mismo día. Entonces ella se fue y la madre no pudo salir porque habían suspendido todos los vuelos. Ellas no sabían la magnitud de lo sucedido en Venezuela, nadie hablaba del deslave por lo que pensaban que se trataba de una tormenta que impedía que los aviones aterrizaran. A Natalia no le quedó otra alternativa que pedir permiso para venir a Miami a acompañar a su mamá. Justamente el 24 la mamá consiguió un vuelo que llegaba a otra ciudad, pero al menos le daba la posibilidad de llegar a Caracas para pasar la Navidad con su esposo, pues en los 50 años que llevaban de casados, nunca la habían pasado separados. Pasó la Navidad sola en Miami y como ya había pedido esos días de descanso, le tocó trabajar la semana siguiente y pasar el Año Nuevo en México. Esas son las circunstancias de la vida que la hacen apreciar cada vez más la posibilidad de pasar las Navidades con sus padres y su familia, rodeada de esa alegría que sólo amanece en los sitios donde habita el verdadero amor. Es que Natalia es una mujer bella por fuera y por dentro.

Natalia Streignard

Natalia Streignard es una actriz venezolana nacida el 9 de septiembre de 1970 en Madrid, España. Antes de ser actriz, Streignard participó en el concurso Miss Venezuela, lo que le abrió las puertas de la televisión venezolana. Streignard empezó su carrera como actriz poco después con papeles protagónicos y secundarios en varias telenovelas.

Entre las producciones en que ha participado se cuentan Pedacito de Cielo *(Marte TV, 1993)*, Dulce Enemiga *(1995)*, Sol de Tentación *(Venevisión, 1996)*, La Mujer de mi Vida *(1998)*, Mi Destino eres tú *(Televisa, 2000)*, La Niña de mis Ojos *(2001)*, Soledad *(2001)*, Mi Gorda Bella *(RCTV, 2002)*, ¡Anita, no te Rajes! *(RTI, Telemundo, 2004)* y La Tormenta *(RTI, Telemundo, 2005–2006)*.

PAN DE QUESO DE NATALIA STREIGNARD
(VERSIÓN VEGETARIANA DEL TRADICIONAL
PAN DE JAMÓN VENEZOLANO)

INGREDIENTS:

    1 paquete (2$\frac{1}{4}$ cucharaditas) de levadura

    1 taza de agua tibia

    1 barra (8 cucharadas) de mantequilla

    $\frac{1}{4}$ taza de queso crema

    1 cucharada de sal

    2 cucharaditas de azúcar

    3 cucharadas de leche en polvo

    2 huevos, más 1 huevo para lustrar

    4 tazas de harina cernida, más $\frac{1}{2}$ taza para espolvorear

    2 tazas de queso mozzarella semi- descremado, en rebanadas
        muy delgadas

    $\frac{1}{2}$ taza de queso pecorino con pimienta, en rebanadas muy
        delgadas

    $\frac{1}{2}$ taza de aceitunas rellenas de pimiento

    $\frac{1}{4}$ taza pasas sin semilla

PROCEDIMIENTO:

En un tazón pequeño, mezcle la levadura con el agua. Reserve. En una olla mediana, derrita la mantequilla. Apague el fuego y agregue el queso crema, la sal, el azúcar y la leche en polvo. Revuelva hasta que todos los ingredientes se incorporen. Añada la mezcla de la levadura y los huevos, hasta que se forme un líquido suave. Agregue las 4 tazas de harina cernida. Continúe revolviendo hasta que se haga una masa sólida. Ponga la masa sobre una superficie enharinada y amase de 2 a 3 minutos. Deje la masa en un tazón grande enharinado. Cubra el tazón con un paño seco y deje descansar la masa por una hora o hasta que ésta haya doblado su volumen.

Cuando la masa haya crecido, pásela a una superficie enharinada. Utilizando un rodillo, extienda la masa en forma de un cuadrado perfecto de 12 por 12 pulgadas. Cubra la superficie de la masa con los quesos, las aceitunas y las pasas. Enrolle y cierre los extremos. Ubique el rollo en una bandeja enharinada y pinche la superficie con un tenedor. Cúbralo con una toalla húmeda y déjelo crecer durante $1\frac{1}{2}$ hora o hasta que doble su volumen. Bata el huevo restante y lustre la superficie del rollo. Hornee a 375 grados F de 20 a 30 minutos, hasta que la superficie esté dorada.

SUGERENCIA:

Como a mí me gusta el pan integral, a veces lo hago con harina integral o le pongo semillas de ajonjolí. Queda súper suave. La masa sola es divina.

SOBRE LA EDITORA

María Alecia Izturriaga nació en Valencia, Venezuela, en 1964. Es comunicadora social graduada de la Universidad Católica Andrés Bello, en Caracas, en 1988.

Trabajó diez años como oficial de comunicaciones del Fondo de las Naciones Unidas para la Infancia (UNICEF). Durante ese período trabajó en todos los campos relacionados con la comunicación de masas, desde el periodismo hasta la producción audiovisual y de eventos especiales. Fue editora de la revista *Infancia: Inversión a Futuro* y coordinadora de la línea editorial sobre infancia y responsabilidad social de UNICEF, Venezuela.

En 2001 se muda a Estados Unidos donde comienza una nueva etapa de trabajo independiente. Se dedicó a la producción audiovisual y por dos años mantuvo la columna "Crónicas de Inmigrantes" en el semanario *El Venezolano en* Miami, la cual le permitió explorar el humor y la sátira como forma de expresión y adaptación a una nueva vida.

En 2006, fue seleccionada para participar en el Taller Telemundo: Escritores con más de mil aspirantes, y se graduó entre un grupo de los trece alumnos más destacados del curso. Actualmente trabaja para el departamento de relaciones públicas de Telemundo y produce *Radio global,* un programa diario de entrevistas de Unión Radio en Miami, Florida.

ENSALADA DE GALLINA AL ESTILO DE LAS TÍAS MORENO DE MARÍA ALECIA IZTURRIAGA

INGREDIENTES:

> *3 a 4 pechugas de pollo enteras*
>
> *1 libra de zanahorias*
>
> *1 libra de papas tempranas*
>
> *1 cebolla blanca grande, picada*
>
> *3 dientes de ajo, picados finamente*
>
> *1 manzana verde o amarilla, cortada en cuadritos*
>
> *1 (15 onzas) lata de alverjas o guisantes*
>
> *1 taza de mayonesa*

$\frac{1}{4}$ *taza de mostaza*

1 (15 onzas) lata de espárragos blancos

Lechuga

PROCEDIMIENTO:

Ponga las pechugas en una olla mediana y agregue agua hasta cubrirlas. Cubra con una tapa. A fuego alto, hierva el agua. Deje hervir hasta que el pollo se cocine completamente, aproximadamente 20 minutos. Retire el pollo del agua y agregue las zanahorias y las papas. Continúe la cocción entre 20 a 25 minutos más o hasta que las zanahorias y las papas estén blandas. Escurra y deje enfriar. Reserve.

En un recipiente grande y profundo, mezcle la cebolla, el ajo, la manzana y las alverjas o guisantes. Añada la mayonesa, la mostaza y mezcle. Desmenuce el pollo y agréguelo a la mezcla anterior junto con las zanahorias y las papas. Condimente con sal y pimienta al gusto.

Sirva en una fuente y decore con las puntas de los espárragos y la lechuga.

AGRADECIMIENTOS

A cada uno de los artistas por cederme parte de su tiempo, pero especialmente por abrirme las puertas de su vida familiar con tanto cariño.

A Taller Telemundo y a Miami-Dade College que me han dado la oportunidad de formarme en este oficio de escribir.

A Atria Books/Simon & Schuster, y muy en especial a Johanna Castillo, por creer y apoyar a los que soñamos.

A todos en Telemundo por el apoyo logístico, especialmente al Sr. Don Browne por su visión y su apoyo incondicional al desarrollo de nuevos talentos; a Mimi Belt, a Susana Miguel y a Ana Fuentes, compañeras de batalla para quienes este proyecto ha sido mucho más que un trabajo.